FEMINICÍDIO & PSICANÁLISE:

Uma questão atual

Marcell Felipe Alves dos Santos

FEMINICÍDIO & PSICANÁLISE:

Uma questão atual

Artesã

Feminicídio e psicanálise: uma questão atual

1ª Edição - 1ª Reimpressão 2022

COORDENAÇÃO EDITORIAL
Karol Oliveira

DIREÇÃO DE ARTE
Tiago Rabello

REVISÃO
Vera Lúcia de Simone Castro

CAPA
Gustavo Prates

PROJETO GRÁFICO E DIAGRAMAÇÃO
Conrado Esteves

S237 Santos, Marcell Felipe Alves dos.
Feminicídio e psicanálise : uma questão atual / Marcell Felipe Alves dos Santos . – Belo Horizonte : Artesã, 2019.
156 p. ; 21 cm.
ISBN: 978-85-7074-028-1
1. Psicanálise. 2. Homicídio. 3. Violência contra as mulheres. I. Título.
CDU 159.964

Catalogação: Aline M. Sima CRB-6/2645

IMPRESSO NO BRASIL
Printed in Brazil

(31)2511-2040 (31)99403-2227
www.artesaeditora.com.br
Rua Rio Pomba 455, Carlos Prates - Cep: 30720-290 | Belo Horizonte - MG
/artesaeditora

Dedico este livro a todas as mulheres
que tiveram a vida interrompida pela violência
de homens que um dia disseram amá-las.

Sumário

Prefácio

Paulo Roberto Ceccarelli

O tema da violência contra a mulher, cuja expressão máxima é o feminicídio, vem ganhado cada vez mais as manchetes de jornais e revistas do mundo todo. Não se passa um só dia sem que o assunto apareça nas redes sociais, nos noticiários e em tantos outros recursos mediáticos. No meio acadêmico, o número de trabalhos sobre a violência contra a mulher vem crescendo exponencialmente nas mais diversas áreas da pesquisa.

Embora a literatura sobre o tema seja extensa, o livro *Feminicídio e psicanálise: uma questão atual* nos oferece uma nova e instigante proposta de compreensão da violência contra a mulher. Já em epígrafe, o autor indica sua transferência para o tema ao dedicar o livro *a todas as mulheres que tiveram a vida interrompida pela violência de homens que um dia disseram amá-las.*

Tendo por pano de fundo a teoria psicanalítica no que diz respeito à constituição do sujeito e à construção dos laços sociais, Marcell Felipe Alves dos Santos nos entrega, com competência, elementos de reflexão indispensáveis na tentativa de elucidar a pergunta que norteará seu trabalho: *qual é o motivo psíquico que leva um homem a cometer um feminicídio contra sua parceira íntima?* Sem deixar-se intimidar pela extensão da empreitada à qual se propôs, o autor não hesita em percorrer os intricados e obscuros caminhos da dinâmica pulsional e dos processos identificatórios, na busca das variáveis que, por um lado, transformam companheiros amorosos em algozes e, por outro lado, fazem das pessoas que, em um primeiro momento, foram objeto de investimento amoroso, em dejetos a serem descartados. O que teria ocorrido para que uma transformação desta ordem ocorresse?

No esforço de responder a essa pergunta que, evidentemente, não terá uma resposta única, Marcell nos conduz por um trajeto no qual os conceitos *princeps* da teoria psicanalítica são apresentados de forma clara e de fácil compreensão, mesmo para os pouco familiarizados com a psicanálise. A estratégia utilizada é, com base na prática pessoal do autor, percorrer esses conceitos sempre relacionando-os com o tema central do livro. Tal expediente permitirá que ele confirme sua hipótese inicial segundo a qual *no feminicídio o homem dá de cara com a ferida narcísica de sua constituição infantil sendo atualizada no adulto.*

Lembrando que o romance familiar de cada um é sempre uma construção traumática, pois tributária da interdição edípica, o autor sustenta que a escolha neurótica daquele que atua com violência se nos apresenta como uma *opção* narcísica, refletindo um desejo não satisfeito, embora mantendo intacto seu representante fálico.

Ao final do trabalho, Marcell nos fala das inúmeras possibilidades de trabalhar não apenas o feminicídio, mas o homicídio de modo geral, dentro do referencial psicanalítico.

Sem dúvida, o trabalho de Marcell Felipe Alves dos Santos interessa a todos e a todas que procuram compreender a violência contra a mulher e o feminicídio. Ao mesmo tempo, ele abre portas para futuras pesquisas tanto por parte do autor quanto dos leitores, que, seguramente, não finalizaram seus questionamentos sobre o que leva alguém que ama a matar seu objeto de amor.

Introdução

Não é nenhuma novidade que a violência provoque grandes prejuízos e cause impactos nas pessoas e na sociedade. Tal ponto tem preocupado muito os vários setores. O tema de combate à violência tem ganhado cada vez mais espaço nos direitos humanos; no campo do Direito, da Psicologia e nas áreas da saúde e social. Diariamente, os jornais apresentam altos índices de violência, dando-nos a impressão de que estamos vivendo exacerbação da brutalidade em suas mais diversas formas.

Sabemos que a violência é um fato social, presente na humanidade há séculos. Tema do qual usou Freud para apontar o nascimento da civilização humana a partir de dois crimes primordiais: o parricídio e a proibição do incesto.

O percurso do livro será realizado pela psicanálise freudiana, utilizando da construção metapsicológica na tentativa de compreender o psiquismo do sujeito movido pelo ato de cometer o feminicídio. Por meio da metapsicologia freudiana, entenderemos o saber psíquico com base em três pontos de vista: econômico, tópico e dinâmico.

O econômico é o *quantum* de libido é investido ou não no aparelho psíquico; o tópico é o entendimento da perspectiva dos sistemas nos quais partem os investimentos; e o dinâmico, é aquele entendido como o conflito entre a pulsão e a defesa, permitindo que o Eu lute contra o surgimento de uma representação recalcada. A metapsicologia freudiana será a nossa base, isto é, o ponto angular que repousa este livro.

Além da metapsicologia, utilizaremos outras construções que Freud nos presenteia, como a construção do Eu e suas implicações na vida do sujeito. Dentro disso, tentarei demarcar como Freud utiliza o crime edipiano para compreender a violência e a determinação da civilização. A psicanálise percebe esse ato pela perspectiva de um excesso pulsional, uma sobra não regulada. Tal ponto, porém, leva-nos a formular uma hipótese, da qual se pretende sustentar aqui, a saber: quando falha na repressão da agressividade, a civilização se volta sobre a própria sociedade, ou seja, se a agressividade entra no campo simbólico sem respeitar o processo civilizatório, ela se apresenta como violência.

A psicanálise freudiana nos permite pensar que o processo civilizatório pôde existir a partir do crime primordial e a lei conseguinte dele. Esse foi o determinante que Freud usou para apontar a passagem da horda primeva para a cultura humana. A morte do pai da horda deu a origem a uma lei universal. Com a lei e o crime, iniciava-se o mundo que temos hoje.

Em meio a essa proibição do incesto por decorrência do assassinato do pai, Freud introduz o *complexo de Édipo*: a inscrição individual daquilo que é constituinte da lei universal. O Édipo foi, para ele, uma tentativa de demonstrar a inscrição da violência na subjetividade de cada um. Por meio desse mito, a violência não se restringiu apenas aos irmãos que assassinaram o pai da horda, mas passou a ser um crime a cada sujeito neurótico.

Na opinião de Freud, o crime edipiano era a forma favorecida de o sujeito dar tratamento à sua violência pulsional. Como descrito em outro trabalho (Ceccarelli; Santos, 2017, p. 92), "as conjecturas de Freud acerca do totem nos mostram que, após a morte do pai, a barreira à satisfação pulsional não foi liberada, causando uma intensa interdição". A lei da proibição do incesto instaurada pelo pai da horda introduz a proibição da satisfação pulsional, total e irrestrita.

Perpassaremos por construções de hipóteses que tentam validar nossa pesquisa – a ferida narcísica e o assassinato do próprio Eu ao cometer o crime de feminicídio –, bem como proponho retornar ao romance familiar e indicar que a ruptura desse romance traz várias e sérias consequências. Com isto, este livro compõe também qual seria o dinamismo pulsional que leva o sujeito a cometer tal barbárie. O tema, com sua peculiaridade, deixou-me interessado no que poderia ser o motivo que leva homens a cometer esse horror contra as mulheres. Dessa maneira, a proposta que trago é uma tentativa de elucidar o que ocorre no psiquismo de um homem no momento do retorno ao infantil e da rememoração da ferida narcísica.

O feminicídio é conceituado como "assassinato de mulheres nas mãos de homens por serem mulheres" (Ponce, 2011, p. 108). Feminicídio é uma expressão utilizada para descrever mortes violentas de mulheres pelo simples fato de essas serem mulheres, ou seja, pela condição de gênero. Com a dominação masculina, as mulheres se tornam objeto nas mãos dos homens; assim, entendemos que o feminicídio existe por concepções psíquica e cultural.

Nesta obra, embora tenha como um dos pontos centrais o feminicídio, não descreverei seu conceito, nem mesmo suas questões legais jurídicas. Ficando 'apenas' com a psicanálise, levando até vocês a lógica psíquica do autor de feminicídio. Ainda que saiba da importância de tal conceito, meu foco é na psicanálise, na escuta, na elaboração de falas que põem o sujeito a falhar e dão espaço à construção psíquica. É possível pensar que nenhum livro vai levar a seu leitor uma fórmula completa e satisfatória; se compreendemos bem o que nos ensina a psicanálise, algo sempre escapará; nunca teremos de concluir, mas sempre questionar. Contudo, não falaremos do conceito de feminicídio, deixando assim para vocês uma pesquisa mais elaborada e dedicada.

Feitos tais esclarecimentos, sugiro uma pergunta que será sustentada diante de todo nosso progresso. A cada passo que dermos nos conceitos freudianos, nas construções e nas hipóteses que encontrarmos, o que nos move a estar aqui neste livro é: *qual é o motivo psíquico que leva um homem a cometer feminicídio contra sua parceira íntima?*

CAPÍTULO 1

A metapsicologia freudiana: pulsão, recalque e inconsciente

Convocar a psicanálise para a cena do crime passional seria de grande contribuição para a compreensão da causa do ato. As premissas teórico-clínicas da psicanálise auxiliarão a desvendar as causas inconscientes presentes nos crimes, cujas origens o sujeito desconhece, contribuindo ademais para compreender a dinâmica psíquica do agressor.

Valendo-nos da construção freudiana segundo a qual "o eu não é o senhor da sua própria casa" (Freud, 1917/2006, p. 153), pode-se incluir a psicanálise nessa cena tanto peculiar quanto delicada. Para abordarmos esse outro que nos habita, esse desconhecido interno que nos assombra lá onde menos esperamos, tomaremos o feminicídio como base para o desenvolvimento deste livro.

A psicanálise na sua ética, na sua escuta e em seu manejo, vem tentar dar uma nova vazão ao dinamismo pulsional. Para Freud (1930[1929]/2006), estamos mais doentes quando nos apresentamos apaixonados, pois, na paixão, o Eu, esvaziado de libido – já que toda libido está direcionada ao objeto – é capaz de atuar das formas mais inusitadas, dentre as quais o feminicídio pode ser inserido.

1.1 O conceito de pulsão

Para pensar o feminicídio, é válido o esclarecimento do conceito que vai circular por todo o livro. O termo "pulsão"[1] – *Trieb* – fora utilizado por Freud desde seus primórdios, porém sem uma definição certa quanto à pulsão ser psíquica ou não. Somente em "Três ensaios da teoria sexual" (1905) que Freud – com o termo "pulsão sexual" – vem delimitar o conceito, embora ele mesmo tenha descrito que "a doutrina das pulsões é a parte mais importante, mas também a mais incompleta da teoria psicanalítica" (Freud, 1905/2006, nota de rodapé acrescida em 1924, p. 159).

A pulsão consiste "numa pressão ou força (carga energética, fator de motricidade) que faz o organismo tender para um objetivo" (Laplanche; Pontalis, 2001, p. 394). Para Freud (1915/2014), a pulsão apresenta em sua fonte uma excitação corporal, que tem como meta apaziguar o estado de tensão que ali se faz presente na fonte pulsional. Dentro desse movimento, a pulsão pode eleger os mais variados objetos, ou seja, a pulsão tem como sua característica

[1] Renato Zwick na tradução de *Trieb*, faz uma consideração plausível. O tradutor pontua que a tradução desse termo utilizado por Freud tem como significação "impelir, impulsionar, tocar para a frente". Assim o termo evoca a ideia de "força poderosa e irresistível que impele". Freud, em *Compêndio da psicanálise* (1940/2015, p. 48) deixa claro que "chamamos de Trieb as forças que supomos existir por trás das tensões de necessidade do Isso (Es)". A tradução feita por Zwick é *Impulso*. Já Pedro Tavares (2014) aponta que há uma polêmica referente à obra traduzida direto do inglês, e que Strachey optou por traduzir *Trieb* por *Instinct*, e não por *Drive*. O autor também faz uma crítica à tradução de Zwick, dizendo que traduzir por *impulso* é ter um conhecimento de uma força que seja de impacto (*Strosskraft*), e que a pulsão é uma força constante. Para dizer de uma força de impacto, Freud usou em alemão *Impuls*; logo o *impulso* traduzido por Zwick nos causaria dúvidas em sua aplicabilidade. Portanto, adotaremos a concepção usual, traduzindo *Trieb* por "pulsão".

principal a plasticidade. Tal eleição vem com o objetivo de atingir sua meta.

Podemos perceber que a pulsão é a energia que nos move, já que ela "jamais atua como uma *força momentânea de impacto* (*momentane Stosskraft*), mas sempre como uma força *constante* (*konstante Kraft*)" (FREUD, 1915/2014, p. 19).[2] O que difere a ação de uma força momentânea de uma força constante é que a primeira poderá ser removida de acordo com a sua ação, como, por exemplo, a fome: comemos, e essa força de ir ao encontro de um alimento se cessa; já na segunda força, a constante, a fuga é ineficaz, uma vez que "para a pulsão, a fuga não tem qualquer valia, pois o Eu não pode escapar de si próprio" (FREUD, 1915/2006, p. 151).

Sobre as duas forças[3] e seus estímulos, Freud nos atenta que:

> Outra hipótese provisória de que não podemos furtar-nos na teoria das pulsões afirma que os órgãos do corpo fornecem dois tipos de excitação, baseados em diferenças de natureza química. A uma dessas classes de excitação designamos como a que é especificamente sexual, e referimo-nos ao órgão em causa como *zona erógena* da pulsão parcial que parte dele (FREUD, 1905/2006, p. 159).

No texto freudiano "Pulsões e seus destinos" (1915/2014), o pai da psicanálise aponta que "uma denominação melhor para o estímulo pulsional seria *necessidade*

[2] A palavra em alemão "*Kraft*", utilizada por Freud, tem como melhor tradução força, e não impacto, já que "força" pode se encaixar melhor com o conceito de *Trieb*.

[3] Freud deixa claro que é uma hipótese provisória, uma vez que, em À guisa de introdução ao narcisismo, de 1914, ele amplia a erogeneidade a todos os órgãos.

e para o que suspende essa necessidade, *satisfação*" (Freud, 1915/2014, p. 19). Podemos dizer que o termo "necessidade"[4] aplicado às pulsões designa algo característico do pulsional, algo do qual não se pode fugir, e que mesmo sua satisfação (*Befridigung*)[5] é discutível.

O conceito de "pulsão" é tomado como fronteiriço entre o "anímico e o somático, como representante psíquico dos estímulos oriundos do interior do corpo que alcançam a alma, como uma medida da exigência de trabalho imposta ao anímico em decorrência de sua relação corporal" (Freud, 1915/2014, p. 25).

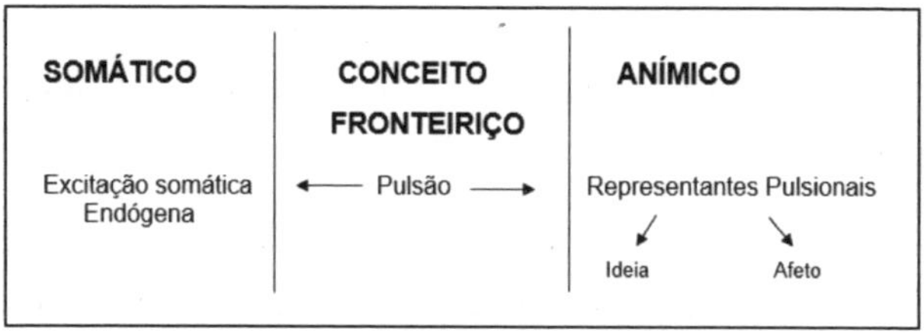

Figura 1 – Aparelho da pulsão
Fonte: Garcia-Roza (1995).

Podemos dizer que a natureza da pulsão é psíquica, já que a conhecemos por intermédio de seus representantes, e física, pela qual sua fonte é o corpo.

Com base no conceito de "pulsão", no texto de 1915, Freud dá início aos quatro termos da montagem do conceito de "pulsão", que curiosamente não se apresentam juntos. São eles: *pressão, meta, objeto* e *fonte*.

[4] Freud (1910/2006) vai chamar de "pulsão do Eu" aquela pulsão que designa o conjunto das necessidades que se manifestam e se ligam junto às funções corporais para a conservação da vida.

[5] Embora o termo "satisfação" seja a melhor tradução para *Befriedigung*, podemos usar também o apaziguamento para emitir a mesma ideia.

1.1.1 Características da pulsão: pressão, meta, objeto e fonte

A pressão[6] (*Drang*), a qual Freud (1915/2014) denomina, é uma propriedade que todas as pulsões possuem, e como a própria essência dessa, ele nos indica: "Por pressão de uma pulsão entende-se seu fator motor, a soma de força ou a medida de exigência de trabalho que ele representa" (p. 25). Embora a pressão seja necessária para a pulsão, ela não é, porém, o bastante para defini-la.

A pressão tem sua definição como elemento motor da pulsão que impulsiona o organismo para uma ação específica, a qual é responsável pela eliminação da tensão. Sua função consiste, então, em transformar energia acumulada, cuja transformação implica uma codificação, uma exigência feita pelo aparato anímico. A existência de um fator motor se dá pelo seu objetivo, que é a descarga e o alívio de tensão, sendo que os caminhos são motores. O que está sendo considerado na construção freudiana, porém, não é o organismo e sua finalidade, mas o aparelho psíquico, no qual sua regulação se dá pelos princípios de prazer e de realidade, por meio de suas representações.

A pressão é o "fator quantitativo variável de que cada pulsão se reveste e que explica a ação desencadeada para obter a satisfação; mesmo quando a satisfação é passiva (ser visto, ser espancado), a pulsão é ativa quando exerce uma pressão" (Laplanche, 2001, p. 354).

A segunda concepção da característica da pulsão é a meta (*Ziel*). "A meta de uma pulsão é sempre a satisfação, que só pode ser alcançada pela suspensão do estado de estimulação

[6] Drang, do alemão, pode-se trazer como elucidação de tradução como algo *pressionador* (TAVARES, 2013, p. 67, nota 14).

junto à fonte pulsional" (Freud, 1915/2013, p. 25). Tal meta é sempre invariável para as pulsões, mas o que a modifica é o caminho que ela toma, podendo encontrar metas que podem combinar ou substituir umas com outras, permitindo então uma satisfação parcial, lembrando que essa atividade é sustentada e orientada por fantasias (Freud, 1915/2013).

Pelo fato de a pulsão ser plástica, a sua meta possui inúmeros caminhos para a satisfação parcial. Mas podemos nos indagar se *há uma pulsão na qual sua meta não seja satisfação parcial.* A resposta que Freud nos dá revela que, pela razão de a pulsão ser uma força constante, não é possível uma satisfação completa. O tradutor da *Edição bilíngue das pulsões e seus destinos* (Ed. Autêntica, 2014), Pedro Tavares (2014) nos faz um esclarecimento, em nota de rodapé, explicitando que o termo em alemão para designar "satisfação" (*Befriedigung*) pode ser utilizado como uma sensação de apaziguamento parcial ou momentâneo (p. 67, nota 10).

Na língua portuguesa, a palavra "satisfação" pode nos enganar, fazendo com que determinemos que as pulsões se satisfaçam. Contudo, os termos freudianos de "pulsão" e "satisfação" transmitem exatamente o contrário. A meta da pulsão é para não ser atingida, já que não é possível uma satisfação completa. A tese de Freud (1905/2006) propõe que essa satisfação tem sua impossibilidade, dado ao fato de já ter sido obtida algum dia no momento infantil e primitivo do sujeito. A satisfação é tentar repetir a primeira experiência de satisfação, isto é, uma repetição infinita oferecida pelos objetos para atingir o lugar de objeto perdido[7] (*das Ding*) (Garcia-Roza, 1995).

A teoria das pulsões nos mostra, segundo Freud (1915/2013), que não há um depósito de esperanças nos

[7] Objeto perdido tem como conceito o impossível de se satisfazer, é o que Lacan chamou de "dimensão do Real" (LACAN, seminário 7).

objetos eleitos, ou seja, não serão eles que vão dar à pulsão sua satisfação completa. A satisfação parcial é do campo dos objetos que se identificam – ilusoriamente – como objetos absolutos, mas que são 'apenas' representantes.

Entramos diretamente no campo de outra característica da pulsão, nomeada por Freud (1915/2006) como "objeto" *(Objekt)*, isto é "aquele junto ao qual, ou através do qual, a pulsão pode alcançar sua meta. É o que há de mais variável[8] na pulsão, não estando originariamente a ela vinculado, sendo apenas a ela atribuído por sua capacidade de tornar possível a satisfação" (p. 27).

Freud (1915/2013) demonstra que esse objeto não é propriamente um objeto material, podendo ser uma parte do próprio corpo. Isso expõe que não há uma especificidade do objeto com determinação em buscar a satisfação da pulsão, lembrando que não é qualquer objeto, mas sim um objeto representativo para o inconsciente, um objeto que esteja unido ao desejo e à fantasia do sujeito, "entre a pulsão e seu objeto, há o desejo e a fantasia" (Garcia-Roza, 1995, p. 92).

O objeto tomado por Freud (1915/2013) não diz respeito a um objeto oferecido pela percepção do mundo, mas sim por uma construção psíquica de representações que Freud nomeia como "representação-objeto".[9] Freud fora cuidadoso com a imposição das palavras em seu ensino para que não pudesse haver equívocos. Hanns (1999) atenta aos leitores para uma dupla significação da palavra "objeto", que pode

[8] Não podemos enganar em acreditar que "de mais variável na pulsão" torna o objeto dispensável para a pulsão. A pulsão só encontra uma satisfação parcial por ele.

[9] "Representação-objeto" pode ser traduzido por "representação de objeto"; porém, perde-se um pouco seu sentido. O conceito com hífen nos dá melhor explicação, já que o termo em alemão – Objektvorstellung – ensina que a representação é tomada como objeto para o psíquico, e não um objeto por si só.

ser traduzida de duas formas: a primeira como *Gegenstand*, que traz a conotação de objeto derivado do mundo, aquilo que é introduzido por nossa percepção; a outra tradução que se dá por *Objekt é* caracterizada como resultado de sensações originárias da percepção do mundo, uma espécie de construção.

A partir disso, Freud, com sua cautela nas palavras, permite-nos dizer que o psiquismo investe em objetos, contudo, é um investimento numa representação, e não em um objeto externo propriamente dito. A pulsão sempre tem sua fonte (*Quelle*) corporal, e não psíquica, "entende-se o processo somático em um órgão ou parte do corpo, cujo estímulo é representado na vida anímica pela pulsão" (Freud, 1915/2013, p. 27). Como ensina Laplanche e Pontalis, a fonte é uma "origem interna específica de cada pulsão determinada, seja o *lugar* onde aparece a excitação (zona erógena, órgão, aparelho), seja o *processo* somático que se produziria nesta parte do corpo e seria percebido como excitação" (2001, p. 193).

Portanto, a pulsão pode ser equiparada a um estímulo para o psíquico, mas jamais pode ser confundida com o estímulo psíquico. A pulsão tem sua fonte em alguma parte do corpo e se mostra sob forma de representação na vida anímica, ou seja, no inconsciente não há uma pulsão propriamente dita, mas sim suas representações.

> Uma pulsão nunca pode tornar-se objeto da consciência – só a ideia que o representa pode. Além disso, mesmo no inconsciente, uma pulsão não pode representado de outra forma a não ser por uma ideia. Se a pulsão não se prendeu a uma ideia ou não se manifestou como um estado afetivo, nada poderemos conhecer sobre ele. Não obstante, quando falamos de uma pulsão inconsciente ou de uma pulsão

> recalcada, a imprecisão da fraseologia é inofensiva. Podemos apenas referir-nos a uma pulsão cuja representação ideacional é inconsciente, pois nada mais entra em consideração (Freud, 1915/2006, p. 182).

Sobre as características das pulsões, é possível fazer um panorama geral. A pulsão tem partes do corpo como fonte pulsional, como modo de estímulo; o representante é pressionado para que possa eleger um objeto capaz de aliviar a tensão em forma de satisfação/apaziguamento como meta final.

Fonte → Estímulo → Acúmulo → Pressão → Objeto → Descarga → Meta

1.1.2 Os destinos pulsionais

Aprendemos que a pulsão tem em sua meta a satisfação e que contém o objeto como tentativa de descarga dessa satisfação. "Este caminho esbarra, porém, nas exigências da censura, e esta é a razão pela qual Freud apresenta os destinos da pulsão como sendo ao mesmo tempo variedades da *defesa* contra as pulsões" (Garcia-Roza, 1995, p. 119).

Quando lemos o texto *Pulsões e seus destinos*, não podemos nos enganar. Na pulsão, aponta Freud, há dois representantes: A representação e o afeto. O que se discute como destinos da pulsão é, na verdade, destinos da representação, ou seja, o afeto não está em questão e tem outros destinos.

O afeto fora trabalhado por Freud já no início de seus escritos *Estudos sobre a histeria* (1895), no qual descreve que o afeto não está impreterivelmente ligado à representação e que essa separação atesta que o afeto tem outros destinos. Tais destinos foram elaborados por Freud em uma carta a Fliess, datada de 21 de maio de 1894 (Carta 18).[10] Nela, Freud diz: "Conheço três mecanismos: transformações do afeto (histeria de conversão), deslocamento de afeto (obsessões) e troca de afeto (neurose de angústia e melancolia)" (1894/2006, p. 239).

Freud (1915/2004) salienta que o afeto é como uma tradução subjetiva da quantidade de energia pulsional, ou seja, é uma exibição qualitativa do *quantum* de energia pulsional.

É importante ressaltar que o termo "afeto" é empregado com a palavra "*quantum*",[11] o que indica possibilidade de uma propriedade econômica: "Ele corresponde à pulsão, na medida em que se desprendeu da representação e encontra expressão, de acordo com sua magnitude, em processos que se fazem perceber à sensação na forma de afetos" (FREUD, 1915/2004).[12] Na edição *Escritos sobre a Psicologia do Inconsciente,* o tradutor Luiz Hanns lança uma nota valiosa para nosso entendimento: "Embora aqui o termo seja usado na acepção de energia que, ao se expressar na consciência, adquire uma qualidade (agradável ou aversiva), em alemão o termo evoca a ideia de "excesso de descontrole das emoções que transbordam". Obs.:

[10] Todas as cartas citadas neste trabalho e o "Rascunho K" foram retidas do texto: FREUD, S. (1884[1884-1899]). Extratos dos documentos dirigidos a Fliess. In: ________. Publicações pré-psicanalíticas e esboços Inéditos. **Edição standard brasileira das obras psicológicas completas de Sigmund Freud**. Rio de Janeiro: Imago, 2006, v. I, p. 287-293.

[11] *Quantum* de afeto é "fator quantitativo postulado como substrato do afeto vivido subjetivamente, para designar o que é invariável nas diversas modificações deste: deslocamento, desligamento da representação, transformações qualitativas" (LAPLANCHE; PONTALIS, 2001, p. 421).

[12] Laplanche e Pontalis fazem uma ressalva importantíssima, "(nota de esclarecimento): Em outras passagens, a distinção é negligenciada, visto que Freud, a propósito da histeria de conversão do quantum de afeto que condicionaria o desaparecimento do afeto subjetivo, mas simplesmente de 'desaparecimento total do quantum de afeto'" (LAPLANCHE; PONTALIS, 2001, p. 10).

Ao longo da obra de Freud, é empregado com frequência com essa conotação e ligado à irrupção de medo (*Angst*)". (Ed. Imago, 2004, p. 190, N.T. (nota do tradutor) 41).

Já os destinos da pulsão[13] são:

- Reversão em seu contrário.
- O retorno em direção à própria pessoa.
- O recalque.[14]
- A sublimação.

Na *reversão em seu contrário*, pode-se dar de duas formas: uma reversão de *meta*, inversão de atividade para passividade, ou uma reversão de *conteúdo*, que ocorre em apenas um caso isolado – alteração de amor em ódio. Na reversão de objetivo, o exemplo utilizado por Freud é o par de opostos sadismo-masoquismo e voyeurismo-exibicionismo, no qual a reversão diz respeito à meta da pulsão, "sua meta ativa: atormentar, contemplar, é substituída pela passiva: ser atormentado, ser contemplado" (Freud, 1915/2013, p. 35).

Todavia, Freud salienta que, nos exemplos utilizados na *reversão em seu contrário*, há uma convergência ou coincidem com o *retorno em direção à própria pessoa* com "a passagem da atividade para a passividade" (Freud, 1915/2013, p. 37). Na passagem da atividade para a passividade no sadismo-masoquismo, há uma mudança de objeto, ou seja, a própria pessoa no lugar de outra.

Essa junção entre os dois pontos freudianos merece maior atenção e elucidação dos pares de opostos: sadismo-masoquismo, voyeurismo-exibicionismo e amor-ódio.

[13] Sabemos que são representações da pulsão (Vorstellung); porém, tomaremos apenas como pulsão aquilo que é, na verdade, representações da pulsão.

[14] Teremos atenção maior pelo recalque, no qual terá uma parte consideravelmente especial ainda neste capítulo.

No caso do par oposto sadismo-masoquismo, Freud descreve o processo da seguinte forma:

> a) O sadismo consiste em atividade de violência, dominação sobre outra pessoa como objeto.
>
> b) Tal objeto é abandonado e substituído pela própria pessoa. Com o retorno em direção à própria pessoa, também se realiza a transformação da meta ativa da pulsão em uma meta passiva.
>
> c) Novamente, outra pessoa é procurada como objeto, a qual, em decorrência da transformação da meta ocorrida, terá que assumir o papel de sujeito (Freud, 1915/2013, p. 37).

Nos casos *b* e *c*, podemos perceber que há um *retorno em direção à própria pessoa*, sem que possa necessariamente haver a *reversão ao seu contrário*. O que Freud nos diz é que, na neurose obsessiva, com sua pulsão sádica, podemos observar o desejo em torturar se transformar em autotortura, autopunição. Esse ato de retorno, porém, não se caracteriza como masoquismo, pois "o verbo ativo não passa para a voz passiva, mas para a voz média reflexiva" (Freud, 1915/2013, p. 39). O que está em questão é que, em ambas as situações, não há uma inversão da atividade para a passividade, embora na fase *c* seja o que se chama de "masoquismo". Esse é considerado um sadismo que *retorna em direção à própria pessoa*, mas que convoca outro para fazer a função de sujeito.

Freud (1915/2003) nos alerta sobre o fato de que todo masoquismo[15] é uma transformação de um sadismo originário, "uma meta originariamente masoquista, a qual só pode

[15] Freud, em 1924, no texto "O problema econômico do masoquismo", demonstra que o masoquismo não é uma transformação do sadismo originário, e que também no masoquismo há uma originalidade, "é nessa porção que temos de identificar o masoquismo original, erógeno" (1924/2006 p. 181).

tornar-se uma meta pulsional em alguém originariamente sádico" (p. 39-41).

Elaboremos, então, o segundo par oposto trabalhado por Freud: voyeurismo-exibicionismo; nesse também há uma sequência que se apresenta da seguinte forma:

> a) O olhar como *atividade*, dirigido a um objeto alheio;
>
> b) O abandono do objeto, o retorno da pulsão de olhar para uma parte do próprio corpo, e com isso a reversão para a passividade e a designação da nova meta: ser contemplado;
>
> c) A introdução de um novo sujeito, a quem a pessoa se mostra, no intuito de ser observada por ele (Freud, 1915/2013, p. 41).

Freud mostra que há uma fase anterior, da pulsão de olhar, a esta apresentada, *(a)*, apontando que a pulsão de olhar é autoerótica, já que sua atividade é voltada para o próprio corpo. Só mais tarde essa pulsão é levada a trocar o objeto por algo que seja equivalente ao próprio corpo, dando início então às fases.

É importante pontuar que, na dinâmica dos pares opostos e suas transformações, nunca se dá um esvaziamento total de um dos opostos, já que, na reversão da atividade para a passividade, há uma cota de atividade, o que é a mesma fórmula que ocorre com a *retorno em direção à própria pessoa*. Freud em "Três ensaios sobre a teoria sexual" (1905/2006) aponta que "o sádico é sempre e ao mesmo tempo um masoquista, ainda que o aspecto ativo ou passivo da perversão possa ter-se desenvolvido nele com maior intensidade e represente sua atividade sexual predominante" (p. 151). Dessa forma citada, podemos dizer que o voyeurista é sempre exibicionista.

Elucidados os dois primeiros pares opostos, portanto, é necessário que tenhamos uma breve e cuidadosa elaboração sobre o último par oposto apresentado por Freud em seu texto de 1915, amor-ódio, o único que tem uma *reversão ao seu contrário* pela mudança de conteúdo.

Já de início, Freud (1915/2013) demonstra que a ambivalência[16] pode ser acentuada com a pulsão considerada como uma herança arcaica, pois "temos motivos para supor que a parte integrante das moções ativas, em sua forma inalterada na vida pulsional teria sido maior nos tempos primevos do que é, em média, hoje em dia" (1915/2013, p. 45).

A herança arcaica já fora trabalhada por Freud em *Totem e Tabu* (1913[1912-1913]) e reaparece em "Pulsões e seus destinos" (1915). O tabu é compreendido como o resultado de uma ambivalência de sentimentos, ou seja, os irmãos da horda em relação ao seu pai tirano, o qual temiam e odiavam, porém o admiravam e o amavam. Tal como atualmente, nas neuroses, o tabu é uma manifestação de um compromisso entre as pulsões conflitantes.

O par oposto amor-ódio, assim como os outros dois exemplos de Freud, também possui suas oposições. São elas:

a) Amar – odiar

b) Amar – ser amado

c) Amar e odiar em conjunto – indiferença

Não podemos deixar de apresentar as três polaridades regidas pela vida anímica:

[16] "O termo ambivalência, cunhado por Bleuler, segundo Freud, (1910/2006), não parece ter sido usado por ele nesse sentido. Bleuler tinha três tipos de ambivalência: 1) afetiva, isto é, a oscilação entre o amor e o ódio; 2) ambivalência da vontade, ou seja, incapacidade de se decidir sobre uma ação; e 3) ambivalência intelectual, ou seja, oscilação entre proposições contraditórias.

- Sujeito (Eu) – Objeto (mundo externo) [real]
- Prazer – Desprazer [econômica]
- Ativo – Passivo [biológica]

Freud conceitua a oposição *b*, amar – ser amado, como uma conversão da atividade em passividade. O amar a si mesmo é caracterizado como narcisismo.[17] Nesse momento, há uma intenção de mudança da meta ativa do amar para a meta passiva do ser amado.

No par oposto *c*, Freud (1915/2013) aponta que, no período dominado pelo narcisismo, o objeto investido pelas pulsões é o próprio corpo, e não o mundo externo, caracterizando uma satisfação autoerótica. O mundo externo é indiferente à satisfação, ao passo que o Eu ama apenas a si mesmo, encontrando em si uma fonte de prazer. Logo, o amor-ódio é direcionado ao Eu – que é tomado como objeto –, e o mundo externo é indiferente de suas relações prazerosas.

No par oposto *amor e ódio (caso a)*, o Eu, na medida em que é autoerótico, não necessita do mundo externo. Ainda assim, o Eu recebe influência do mundo exterior, provocadas pela própria vivência pulsional. Quando o objeto transforma a fonte prazerosa, há uma tendência de aproximação que procura incorporá-lo ao Eu, ou melhor, amamos esse objeto. Quando ocorre o inverso – o objeto é fonte de desprazer –, há uma força inclinada a aumentar a distância desse objeto em relação ao Eu. Sentimos repulsa do objeto e o odiamos, "esse ódio pode, depois, se intensificar a ponto de tornar-se uma propensão à agressão contra o objeto, uma intenção de aniquilá-lo" (Freud, 1915/2013, p. 57).

[17] Tal conceito será amplamente elaborado no próximo capítulo.

Em um aspecto mais elevado da organização pré-genital sádico-anal,[18] o desejo pelo objeto aparece na forma de dominação, na qual o dano e o extermínio do objeto são indiferentes. Freud (1915/2013) diz que tais formas preliminares do amor não se diferenciam do ódio em sua relação com o objeto, e é somente na formação genital do sujeito que o amor se torna oposto.

Considerando essa linha de raciocínio, o ódio é mais antigo que o amor, diz Freud (1915/2013), uma vez que ele nasce do desamparo do Eu diante do mundo externo portador de estímulos.[19]

Quando a relação de amor com algum objeto é interrompida, o ódio surge em seu lugar, isto é, há uma transformação do amor em ódio. Freud (1915/2013) chega à concepção de que o ódio, nessas circunstâncias, é fortalecido pelo regresso do amor para a fase sádica, na qual o ódio se veste de erótico, o que permite a continuidade da relação amorosa.

Nessa ocasião, podemos levantar uma hipótese valiosa para a nossa conclusão: o *homem que comete feminicídio contra sua parceira está mantendo sua relação amorosa com ela, porém, sem ter seu narcisismo ferido?*

1.1.3 Segunda teoria das pulsões: pulsão de vida (Eros) e pulsão de morte (Thanatos)

Entendemos que vários pares opostos habitam o sujeito, como amor e ódio, tranquilidade e agressividade, vida e morte. Essas polaridades se evidenciam nos conflitos psíquicos. Em 1920, Freud nomeou tal dualidade de *Pulsão de vida* (*Lebenstrieb*) e *Pulsão de morte* (*Todestrieb*).

[18] Essa fase será descrita no próximo capítulo.

[19] É válido entendermos que Freud (1915/2013) trata a ordem dos opostos ao amar 1) indiferença; 2) odiar; 3) ser amado.

Na obra de Freud, há dois dualismos pulsionais: o primeiro, introduzido em 1910, no texto *A concepção psicanalítica da perturbação psicogênica da visão*, o qual se refere aos pares – Pulsão do Eu – ou autoconservação[20] – e as pulsões sexuais. A partir de 1920, Freud faz um precioso avanço teórico, construindo novo dualismo pulsional. As pulsões, que até então faziam parte de outro dualismo, passam a integrar o mesmo grupo, representadas por *Eros* – pulsão de vida. A função de *Eros* é amarrar partículas de substâncias vivas e criar uma unidade mais complexa, tendo como objetivo a preservação da espécie, "o alimento que Eros procura, ele procura sob a forma de contato com outro ser vivo – e seu poder de irradiação é tão violento que ele contamina (erotiza) o grupo das pulsões de vida" (Kehl, 2009, p. 542).

A pulsão de morte anuncia que todo ser vivo quer retornar ao estado inorgânico, com a intenção de reduzir por completo suas tensões. Segundo Freud (1920/2004), o "objetivo de toda vida é a morte e remontando ao passado: o inanimado já existia antes do vivo" (p. 161). Retornando para o interior, a pulsão de morte se apresenta de forma autodestrutiva. Já no campo do exterior, Freud (1920/2004) diz que a pulsão de morte se manifesta como pulsão de destruição. O que está além do princípio de prazer é a morte.

A pulsão de vida faz a ligação libidinal do sujeito com os objetos, ao passo que a pulsão de morte se caracteriza pela destruição, ou seja, sua função é desfazer tal ligação. Garcia-Roza diz que "pulsão de vida e pulsão de morte apresentam-se sempre misturadas" (1995, p.158). Quer dizer, a pulsão de vida tem um funcionamento em conjunto, agrupando as substâncias vivas. O impulsionamento do sujeito

[20] Tal pulsão apresenta autoconservação, e as necessidades como protótipos. Ver início do capítulo.

em direção ao contato com o mundo – tendo constantes tensões com esse mesmo mundo – impede que o organismo entre em repouso. Assim, a pulsão de morte funciona de forma separada, desfazendo as construções, desligando o sujeito com o mundo.

É nesse sentido que Garcia-Roza afirma que o dualismo não se refere à natureza da pulsão, mas sim ao modo de presentificação da pulsão no aparato anímico: "Se a pulsão se faz presente no aparato anímico promovendo e mantendo uniões, conjunções, ela é dita 'de vida'; se ela se presentifica no aparato anímico disjuntivamente, 'fazendo furo', então ela é dita 'de morte'". (1995, p. 162). A vida é conflito, como ressalta Kehl (2009); ela se mostra e faz ruído. Ao contrário da morte, silenciosa e invisível.

Para Freud (1920/2004), *para além do princípio de prazer*, só existe aquilo que nos move para atividades repetitivas que não satisfazem nenhum desejo. Ou seja, *para além do princípio de prazer*, está localizada a pulsão de morte, a tentativa de retornar ao inorgânico.

Kehl (2009) assinala que "já que o desejo não encontra satisfação definitiva e não para de renascer de suas satisfações efêmeras, Thanatos deseja a abolição do desejo" (p. 543). É por isso que Freud (1920/2004) afirma que a pulsão de morte é uma pulsão por excelência. A pulsão de vida já é algo apanhado pelo psíquico com o objetivo de levar o organismo à morte, mas preservando a vida, para que possa morrer ao próprio modo (Freud, 1920/2004).

No texto "A psicanálise e o domínio das paixões" (2009), Maria Rita Kehl traça uma construção sobre a tentativa de retornar ao inorgânico. A autora ressalta que a vida é uma espécie de vitória e justifica: "Somos todos sobreviventes de nossa 'vontade' de morrer. Sobreviventes porque o organismo, uma vez jogado à vida, quer se conservar assim e fazer seu próprio percurso até a morte" (p. 543). O retorno ao inorgânico para Kehl não se dá pela morte, já que ela sustenta que a marca da experiência no inconsciente não é da morte, e sim da vida intrauterina; o lugar no qual o desejo não está presente, já que todas as necessidades estão sendo satisfeitas.

Kehl (2009) constrói um pensamento curioso ao afirmar que retornar ao inorgânico, assim como a relação perfeita entre mãe e bebê ainda no útero, não diz apenas da morte, mas sim sobre o repouso, o contato:

> É porque Eros e Thanatos no limite buscam *a mesma coisa* – o retorno a um estado anterior, prazeroso –, que não é um, nem outro, que move a vida, mas a tensão constante, dialética (Freud não usou esta palavra) entre os dois. O que mantém ligada a trama das pulsões é que eles todos são *conservadores:* e enquanto Thanatos busca repouso, Eros busca o estado de fusão narcísica com o outro (representante da mãe, no inconsciente) que nos promete a abolição da confrontação cansativa e ameaçadora com o mundo, inaugurada com nascimento e só abolida na morte. Na fusão narcísica inicial com o corpo da mãe o mundo desaparece: eu sou o mundo, o mundo é uma extensão de mim (Kehl, 2009, p. 544).

1.2 O conceito de recalque

O conceito de recalque é caro à psicanálise, como ressalva Freud ao pontuar que a teoria do recalque é a pedra angular sobre a qual repousa toda a estrutura da psicanálise. O recalque é a operação pela qual afasta ou mantêm no inconsciente algumas representações ligadas a uma pulsão. O mecanismo do recalque aparece nos momentos em que a satisfação da pulsão esteja ameaçando gerar um desprazer ao consciente.

É interessante que possamos trazer um equívoco das traduções do alemão sobre o conceito de recalque, já que a Standard Edition optou por referenciar o termo "recalque" como "repressão".[21] Não entendemos que tal tradução seja apenas por uma questão de opção, mas por uma série de construções errôneas. O termo *Verdrängung* representa a palavra "recalque", e não "repressão" – vale pontuar que a palavra "repressão" tem o conceito próprio na obra de Freud, e será conceituada neste trabalho, tendo em sua língua original a palavra *Unterdrükung*.

A confusão entre "recalque" e "repressão" causa um erro conceitual grave, tendo em vista que ambas as palavras têm seu sentido diferente na própria língua portuguesa. Hanns, em seu *Dicionário comentado do alemão de Freud* (1996), ressalta que uma pessoa consegue reprimir outra, em um sentido de interditar sua ação, mas não é possível que uma pessoa recalque a outra, uma vez que o processo de recalcar é sempre interno.

Essas duas palavras se tornam equivocadas em sua tradução ("reprimir" e "recalcar") para a língua portuguesa e é preciso esclarecer seus respectivos significados. Enquanto a primeira executa uma ação em uma pessoa, a partir de sua exterioridade, em uma tentativa de apagamento, a segunda apresenta sua ação no interior; logo, o recalque afasta, porém não apaga. Contudo, o conceito mais adequado para *Verdrängung* é recalque, e não repressão. Seríamos levianos dizer que o recalque – secundário – não tem relação com a exterioridade, já que esse é um processo que se dá em virtude da lei, ou seja, algo externo ao sujeito.

[21] Inicialmente a Standard Edition manteve o conceito, nomeando-o de "recalque" e, por algum motivo que desconheço, decidiu modificá-lo para "repressão".

Hanns (1996) pormenoriza a palavra *Verdrängung*; *Ver* – denota os efeitos de "ir muito *adiante*" e pode significar também "perda, lapsos, fechamento"; mostra intensidade de ação e denota sentido de se manter "indo" em direção a algo; *dräng* – diz respeito ao verbo *Drängen*,[22] tendo como sua tradução "pressão, ato de empurrar, força"; e, por fim, *Ung* – sufixo de substantivação, que se assemelha ao "ção" da língua portuguesa.

Ao esmiuçar a tradução, percebemos com mais clareza o que os termos em alemão nos oferecem.

1.2.1 Recalque: defesa ou destino pulsional?

A metapsicologia é algo vasto e difícil na obra de Freud, haja vista que ele propõe uma nova ciência valendo-se dessa temática. Freud produziu conceitos para sustentar seu desejo de contemplar uma nova forma de tratamento das doenças psíquicas. Com isso, um de seus conceitos presente em toda sua obra é o de recalque.

No início, porém, Freud empregava o termo "defesa" para definir um mecanismo que impedisse que o conflito do Eu com o mundo externo trouxesse, de certo modo, desprazer ao psiquismo.

Faremos um percurso curto sobre os termos "defesa" e "recalque", na tentativa de entendermos se o recalque é uma defesa ou um destino da pulsão.

O termo "defesa" não é uma criação de Freud, tendo sido apropriado por outros setores do saber. Foi em 1894, no texto *As neuropsicoses de defesa,* que Freud apresenta a teoria de que a urgência das neuroses histéricas e obsessivas têm de se defender de conteúdos desagradáveis ao Eu. Como

22 Drang já foi referenciado aqui como uma das características da pulsão.

esse texto, que ainda é pré-psicanalítico, muitos conceitos estavam sendo estudados e elaborados. Não obstante, o pai da psicanálise já mostra algumas formas de o Eu lidar com os conflitos.

Freud (1894/2006) aponta que há três formas de defesa diante das representações ostensivas, sendo a primeira uma saída histérica; a segunda, obsessiva; e a terceira, psicótica.

Na primeira forma de defesa, dá-se a transformação da representação ostensiva em outra representação, em relação à qual seria mais fácil a convivência com menos afeto. Essa é a conversão histérica.

A segunda forma de defesa apontada no texto em questão é a ideia das representações obsessivas. Quando não retorna em forma de conversão, um afeto fica livre para fazer novas ligações com outras representações que se transformam em obsessão. O que se apresenta na consciência como representação sexual substituta é a obsessão.

Na terceira forma possível, Freud (1894/2006) nos leva para um caso no qual o Eu rejeita a representação conflitante com o afeto e vive como se a representação nunca estivesse ocorrido. Deste modo, o Eu permanece em uma confusão alucinatória, resultando na psicose.

Na Carta 18, datada de maio de 1894, em uma correspondência a Fliess, Freud afirma que se tem aproximado de ideias mais completas sobre o tema. Ao pontuar sobre o conflito, ele diz que a concepção de defesa das pessoas neuróticas não era hereditariamente anormal, e o que elas rechaçavam era a sexualidade.

Somente alguns anos depois, Freud retoma seus escritos sobre o termo "defesa" (*Abwehr*): "Minhas observações durante os dois últimos anos de trabalho fortaleceram-me a tendência a considerar a defesa como o ponto nuclear do mecanismo psíquico das neuroses" (Freud, 1896/2006, p. 54).

Em 1900, em *A interpretação dos sonhos* (*Traumdeutung*), Freud nos apresenta outra forma de defesa, que surge exatamente contra o desejo inconsciente. No capítulo 7 desse texto, *A psicologia dos processos oníricos,* texto (C) *Realização de um desejo*, Freud (1900/2006) utiliza o sonho para demonstrar uma forma do inconsciente de realizar o desejo; porém, nem todo desejo é possível de ser realizado, uma vez que, perante a defesa, ele precisará utilizar de uma forma distorcida para tal realização. Freud (1900/2006) expõe o conceito de "deslocamento", que tem função de deformar o desejo para que esse não cause desprazer na consciência. Temos aí, então, uma nova defesa psíquica: o deslocamento. Não podemos deixar de ressaltar que é nesse texto que Freud assume o uso do termo "recalcamento" no lugar de "defesa": "As influências acidentais recuaram ainda mais em contraste ao 'recalcamento' (como comecei a dizer em lugar de 'defesa')" (Freud, 1900/2006, p. 578).

Como sabemos, o aparelho psíquico é um mecanismo de tensões. Não é calmo nem pacífico. Nele há conflitos e acúmulos de energia – sendo as defesas responsáveis por manter o aparelho em funcionamento estável. Diante dessa dinâmica, Freud (1900/2006) avança nos termos *recalcamento* e *defesa*. O recalque toma um lugar mais complexo do que ser apenas uma defesa ou fuga dos conteúdos desprazerosos. Segundo Freud, o Eu não tem de se defender apenas de agentes externos, mas também de investimentos que retornaram após serem afastados pelo recalque. Ou seja, o Eu necessita se defender tanto do que há dentro quanto do que está fora do estado anímico.

No Apêndice A do texto *Inibição, sintoma e angústia,* chamado de *O recalque e a defesa* (1926[1925]/2006), encontramos um breve resumo referente à defesa e ao recalque:

1. Primeiro aparecimento do termo "recalque" (Verdrängung), em 1893, na "Comunicação Preliminar".
2. O termo "defesa" (Abwehr) foi cunhado em 1894 no texto "As neuropsicoses de defesa".
3. Nos "Estudos sobre a histeria", "recalcamento" aparece 12 vezes, e o termo "defesa" é citado mais do que isso.
4. Em 1897, há um recuo do uso do termo "defesa" e um aumento do uso da expressão "recalcamento". O predomínio do segundo se deu explicitamente no "Caso Dora" e no texto "Os três ensaios sobre a teoria da sexualidade", de 1905.
5. No período pós-Breuer, Freud passa a se referir ao "recalque", e não mais à "defesa".
6. No caso do "*Homem dos Ratos*", Freud utiliza com frequência o termo "recalque", descrevendo os mecanismos de recalque da histérica e do obsessivo. Contudo, uma revisão indica que ele apontava mais suas "defesas".
7. Nos artigos da metapsicologia, a "defesa" se torna um termo mais abrangente, e o "recalcamento" é tido somente como uma modalidade de "defesa".
8. Dez anos se passam até que Freud faça uma distinção sobre os dois termos. O "recalcamento" é a pedra angular da psicanálise, mas, em relação à "defesa", é somente mais uma forma de o ego reagir ao material indesejável.

Apresentada a elaboração do recalque enquanto uma possível defesa, é hora de apontarmos o recalque enquanto destino pulsional. Em seu texto "O recalque" (*die Verdrängung*), de 1915, Freud afirma que as pulsões encontram em seus destinos uma resistência que a torna inoperante e, "em certas condições, que logo investigaremos mais detidamente, a pulsão passa então para o estado de recalcamento [*Verdrängung*]" (1915/2004, p. 177). No mesmo texto, Freud indaga o motivo de uma moção pulsional sofrer um destino como o recalcamento, e posso responder da seguinte forma: no caminho em direção à satisfação, é possível produzir mais desprazer do que prazer ao psiquismo; além disso, há uma economia do prazer e desprazer que precisa ser considerada. Ou seja, a pulsão por si só pode ser considerada prazerosa, porém, no que se refere ao julgamento das outras instâncias, tal afirmativa se torna duvidosa. Logo, o que pode tornar-se prazeroso para um lugar do psiquismo, para outro é totalmente desprazeroso. É nesse jogo entre prazer e desprazer que o recalque se apresenta. Onde houver maior desprazer, o recalque opera.

Quando lemos sobre o recalque, é possível que tenhamos um questionamento: *o recalque é, então, contra a satisfação pulsional?* A resposta para tal questão é: NÃO. As instâncias psíquicas trabalham para um acordo de satisfação entre as exigências pulsionais e culturais; logo, o recalque está servindo à pulsão ao atuar como intermediário para satisfazer todas as instâncias. Pois, se dependesse puramente das instâncias psíquicas, nenhuma representação pulsional seria satisfeita.

Segundo Garcia-Roza, o recalque opera, então, de modo que incide no simbólico do sujeito, negando que tal representação tenha acesso à fala e com isso impeça o acesso à consciência. Quer dizer, o recalque impossibilita que a passagem do representante de imagem – ou ideativo – "se encontre" com o representante de palavra.[23] Essa operação – do recalque – não elimina, como aprendemos

[23] Freud distingue a representação "palavra" como aquela que deriva essencialmente pela acústica do aparelho psíquico (1915/2006).

na tradução do termo *Verdrängung*, mas afasta uma representação desprazerosa.

O recalque como defesa ou destino pulsional nos faz aprofundar mais sobre o tema. Durante toda a sua obra, Freud estabelece três tipos de recalque. São eles: 0 – recalque orgânico; 1 – recalque primário ou originário; 2 – recalque secundário. Seríamos irresponsáveis, porém, diante da proposta de nosso tema, se não elaborássemos o termo "repressão" (*Unterdrükung*).

1.2.2 Recalque orgânico

Freud indica, em sua análise do caso Schreber,[24] três estágios do recalque, sendo eles: 1) fixação; 2) recalque propriamente dito; e por fim; 3) retorno do recalcado.[25] O psicanalista Jorge (2005) adverte que, para além dessas três fases, podemos "acrescentar uma quarta fase, que funciona como verdadeiro *ponto zero*" (p. 43) do recalque. Segundo Jorge (2005), o recalque orgânico é uma fase pré-histórica, ou seja, filogenética,[26] e corresponde ao fato de o ser humano, ao longo de sua evolução biológica, mudar da posição de quatro apoios – apoiando as mãos e os pés no chão – para a posição bípede. Essa mudança é a origem da espécie humana e também a atrofia do olfato, permitindo assim o desenvolvimento da visão e do sentido mais preciso.

Em seu artigo "Da perversão nossa de cada dia às grandes perversões sexuais", Ceccarelli (2015) mostra que as importantes aquisições culturais, tais como "o sentimento de vergonha, de asco, assim como a construção dos ideais

[24] Caso Schreber foi descrito por Freud em 1911 e está em sua obra volume 12 da Standard brasileira das obras psicológicas completas de Sigmund Freud.

[25] Todos esses pontos serão trabalhados ainda neste capítulo.

[26] Alguns psicanalistas – como Laplanche – criticam firmemente essa posição filogenética construída por Freud.

morais e estéticos da civilização" (p. 32) são organicamente condicionados pela herança filogenética.

Freud marca (1933[1932]/2006) que "o desenvolvimento cultural o qual, embora sem dúvida influenciado por todos os outros fatores, é, por certo, independente deles em sua origem, sendo comparável a um processo orgânico" (p. 174). Na carta enviada a Einstein, o psicanalista faz referências sobre a constituição de uma civilização, relacionando a pulsão com o ponto filogenético. Ele diz:

> [...] ainda não nos familiarizamos com a ideia de que a evolução da civilização é um processo orgânico desta ordem. As modificações psíquicas que acompanham o processo de civilização são notórias e inequívocas. Consistem num progressivo deslocamento dos fins pulsionais e numa limitação imposta aos impulsos pulsionais. Sensações que para os nossos ancestrais eram agradáveis, tornaram-se indiferentes ou até mesmo intoleráveis para nós; há motivos orgânicos para as modificações em nossos ideais éticos e estéticos (Freud, 1933[1932]a/2006, p. 207).

O recalque orgânico é um conceito não muito desenvolvido em Freud, o que permite vários equívocos nas leituras e consequentemente dificuldades para maior elucidação sobre o tema.[27]

1.2.3 Recalque originário / fixação

O recalque originário é o primeiro momento da operação do recalque e tem sua relação estreita com a fixação,[28]

[27] O recalque orgânico, por ser um conceito não muito desenvolvido na obra de Freud, decidimos não aprofundar, já que não é de meu interesse neste livro ir além, deixando esse tema para que possa ser mais estudado em pesquisas posteriores.

[28] A fixação é empregada como um ponto predominantemente genético, caracterizando uma fixação da libido em uma fase do desenvolvimento sexual,

esta última componente imprescindível para o recalcamento. A fixação é descrita com base em uma situação em que "determinada pulsão ou componente pulsional deixa de acompanhar os demais ao longo do caminho normal previsto de desenvolvimento, e, em consequência desta inibição em seu desenvolvimento, é deixado para trás, num estádio infantil" (Freud, 1911/2006, p. 74).

Esse processo se comporta como pertencente ao inconsciente, como recalcado. Todavia, a fixação não estaria apenas em uma fase libidinal, diz Freud (1911/2006), uma vez que a fixação da pulsão está representada e inscrita no inconsciente. Portanto, todo recalcamento nega o representante pulsional, fazendo com que ele não tenha acesso à consciência. Freud nos lembra: "Essas fixações pulsionais constituem a base para a disposição à enfermidade subsequente, e podemos agora acrescentar que elas constituem, acima de tudo, a base para a determinação do resultado da terceira fase do recalcamento" (1911/2006, p. 75). Essa terceira fase é o retorno do recalcado.

O recalque originário e fixações – assim como a inscrição – são anteriores ao inconsciente, estando presentes na primeira infância. Sobre essa afirmação, Freud (1915/2004) pontua que ambos são empregados para determinar que, por um lado, a representação não tem acesso à consciência; e, por outro, mesmo sem acesso à consciência, a pulsão continua ligada a essa representação.

> Temos razões para supor que exista uma primeira fase do recalque, um *recalque original*, que consiste em interditar ao representante psíquico da pulsão a entrada e admissão no consciente. Esse

no qual propõe que a satisfação esteja ancorada em uma fase característica (FREUD, 1905/2006).

> recalque estabelece então uma *fixação*, e a partir daí o representante em questão subsistirá inalterado e a pulsão permanecerá a ele enlaçada (Freud, 1915/2004, p. 179).

É possível apontar que recalque originário e fixação não são sinônimos, mas coincidem com o mesmo momento, a mesma fase do recalcamento, ou seja, correspondem a uma primeira inscrição e simultaneamente a uma fixação da pulsão e a uma representação. O resultado disso é uma moção pulsional, funcionando de forma que a representação fixada se torna um polo de atração para o recalcamento propriamente dito. Já o recalque originário não pode ser tomado como polo atrativo, uma vez que antes dele não há nenhuma organização psíquica.

Laplanche e Pontalis (2001) relatam que, se o recalque originário está na origem do aparato psíquico, ou seja, nas primeiras formações inconscientes, "o seu mecanismo não pode ser explicado por um investimento por parte do inconsciente; também não provém de um desinvestimento do sistema pré-consciente, mas unicamente de um contrainvestimento" (p. 435). Portanto, o recalque originário tem como função impedir ou limitar o livre escoamento das excitações: "De fato, o recalque original constitui-se tão somente no mecanismo de contrainvestimento de carga" (Freud, 1915/2006 p. 32).

Para entender o contrainvestimento, precisaremos nos indagar *de onde viria essa força que se opõe às representações presentes no inconsciente*? A energia de investimento necessária para a existência do recalque originário não pode vir do inconsciente nem do pré-consciente, já que eles ainda não foram formados. Laplanche e Pontalis (2001) dizem que o Supereu também não seria um recurso viável, já que ele é uma instância crítica, formada posteriormente ao recalque originário. Portanto, sua única possibilidade de explicação é "a sua origem em experiências arcaicas muito fortes" (p. 435).

Freud, no texto *Neuroses de transferência: uma síntese* (1915/1987), aponta que o contrainvestimento só aparece em última instância: "Trata-se de uma pura tentativa de fuga e que se lança, em seguida, para a formação de ideias substitutivas" (p. 67). No mesmo texto, o psicanalista demonstra que o contrainvestimento fornece o primeiro recalcamento bem-sucedido, seguido da produção de formação reativa.[29] É possível dizer, então, que o contrainvestimento se une com o investimento da pulsão, e, em uma espécie de pacto de compromisso, ambos determinam a escolha da representação.

Na consistência da conceituação de recalque, há um equívoco: *qual seria a distinção de um recalque – mecanismo que se apresenta entre os dois sistemas psíquicos inconsciente e o pré-consciente/consciente – de um outro que funda a distinção entre esses sistemas?* É com base nesse paradoxo que Freud postula que o recalque originário é anterior ao recalque secundário, e será este último que vamos elucidar agora.

1.2.4 Recalque secundário ou propriamente dito

No caso Schreber, Freud (1911/2006) demonstra que o recalque secundário "aparenta ser um processo essencialmente ativo, ao passo que o recalque originário parece de fato constituir um retardamento passivo" (p. 75). Tal afirmação expressa uma distinção inicial desses dois processos. O recalque originário deriva das primeiras ligações, e, como

[29] Tal termo é utilizado por Freud para descrever uma atitude ou um hábito psíquico que se direciona opostamente ao desejo recalcado e constituído em reagindo contra esse desejo. Exemplo, uma pessoa que tem asco de algo que inconscientemente é exatamente o que ela deseja.

sabemos, essas ligações são passivas por seu livre escoamento ser impedido, tendo como ativas apenas no segundo momento de sua síntese. Nessa segunda ocasião, os derivados psíquicos da representação pulsional sofrem o recalcamento; porém, quando se reforçam, esses mesmos derivados psíquicos entram em conflito com o *Eu*.

O recalque secundário retira da pré-consciência seu investimento nas

representações pulsionais advindas do inconsciente; apesar disso, apenas esse movimento não é suficientemente funcional para que esse momento não cause desprazer à consciência. O recalque originário precisa fazer seu movimento de contrainvestimento, exercendo uma atração das representações, retornando para o inconsciente.

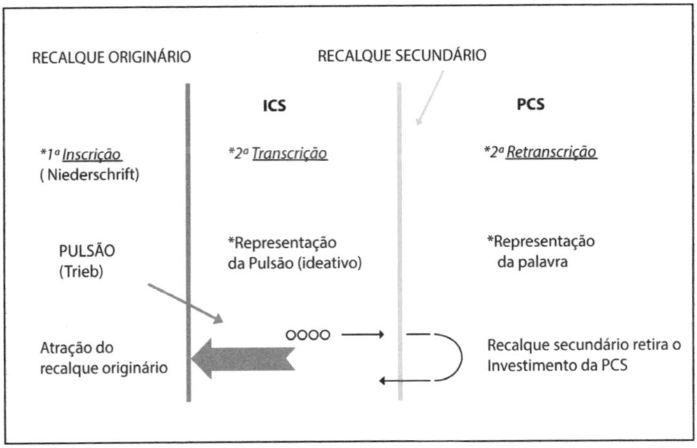

Figura 2 - Aparelho psíquico

A função do recalque secundário é a de desinvestir a pré-consciência, criando assim um exercício de afastar certas representações pertencentes ao sistema inconsciente. Portanto, reforçamos que o recalque incide sobre a representação, e não sobre a pulsão diretamente. O alvo direto do recalque é a representação pulsional, sendo que esta mantém – independentemente do recalcamento – sua existência e sua forma de fazer novas conexões. Isso só é possível porque o recalque interfere apenas na relação da representação pulsional com o sistema pré-consciente, mas não é capaz de inferir diretamente no inconsciente. Essa representação, então, retorna para o inconsciente, que ainda conserva um grande investimento nomeado de retorno do recalcado.

Para que exista o recalque secundário, precisa-se não apenas de um investimento da pré-consciência sobre o representante pulsional, mas também da atração – em forma de contrainvestimento – do recalque originário. Foi valendo-se dessa relação que Freud nomeou o recalque secundário de *Nachdrängen*, como uma pressão posterior, "devido a essa ligação, tais representações sofrem o mesmo destino do recalcado original. O recalque propriamente dito é, portanto, uma pressão posterior"[30] (1915/2004, p. 179).

Vinte anos depois, Freud retoma o processo dos dois recalcamentos, no qual ele indica que a "pressão posterior" é nomeada agora de "recalque ulterior":

> Todos os recalques se efetuam na primeira infância; são medidas primitivas de defesa, tomadas pelo eu imaturo. Nos anos posteriores, não são levadas a cabo novos recalques, mas as antigas persistem, e seus serviços continuam a serem utilizados pelo eu para o domínio das pulsões. Livramo-nos de novos conflitos através daquilo que chamamos

[30] Utilizamos alguns textos traduzidos por Luiz Hanns, e nessa tradução ele denominou *Nachdrängen* como "pós-calcar". Apesar de sua explicação de "ir acrescentando outros recalques" (HANNS, 2004, nota de rodapé, T. 24, p. 189), preferimos optar pela tradução "pressão posterior".

> de recalque ulterior [Nachverdrängung] (Freud, 1937/2006, p. 243).

O que está presente nessa citação é o recalque primário. A partir daí, entra em cena o recalque secundário, com incidência sobre os derivados do recalque originário. Essa manutenção foi o que Freud (1915) chamou de "*eigentliche Verdrängung*", recalque propriamente dito, já que sua função é "retirar a carga de investimento da pré-consciência" (Freud, 1915/2006, p. 32).

Sabemos que o recalque não alcança as representações diretamente no inconsciente, que tem livre acesso a grandes articulações; "Ele então prolifera na escuridão", diz Freud, "e encontra suas formas de expressão extremas. Estas, ao serem traduzidas e apresentadas ao neurótico, não só terão que lhe parecer estranhas, mas também irão assustá-lo" (1915/2004, p. 179). Se estiver afastada de seu representante original, a representação consegue escapar da censura e ter acesso à consciência. Contudo, quanto mais próxima estiver de sua representação original, mais a representação será atingida pelo recalque.

O recalque secundário nos permite afirmar que existe um *constante dispêndio de força,* visto que o recalque não deve ser encarado como um fato que ocorre apenas uma vez, "cuja cessação colocaria em risco seu sucesso e tornaria necessária uma nova ação do recalque" (Freud, 1915/2004, p. 181). Tal força se assemelha à definição de pulsão como força constante (*Konstante Kraft),* que é característica do recalque, já que "as pulsões são contínuas em sua natureza que o *Eu* tem de tornar segura sua ação defensiva por um dispêndio permanente (de energia). Essa ação empreendida para proteger o recalque é o observável no tratamento analítico como resistência" (Freud, 1926/2006, p. 181). Tal força só é possível pelo fato de o recalque ser também móvel em alto grau, ou seja, o recalque se movimenta exercendo pressão contínua em direção à consciência, ao mesmo tempo em que essa pressão é equilibrada por uma contrapressão incessante. Em sua forma econômica, Freud (1915/2004, p. 181) destaca: "Portanto, a manutenção de um recalque pressupõe um dispêndio de força constante, ao passo que a suspensão do recalque significa, em termos econômicos, poupar esse dispêndio de força". O sonho é um exemplo dessa força e mobilidade do recalque.[31]

Sendo uma característica do recalque, o *dispêndio de força* atua também de forma *altamente individual*, ou seja, cada derivado isolado do recalcado tem o próprio destino, contando com um pouco mais ou um pouco menos de distorção no resultado. Desse modo, Freud propõe uma compreensão que vai ao encontro de nosso objetivo; "pode-se compreender também que os objetos preferidos das pessoas, bem como seus ideais, se originem das mesmas percepções e experiências que os objetos por elas mais execrados, e mais, que originalmente tais objetos se diferenciavam uns dos outros apenas por meio de pequenas alterações" (1915/2004, p. 180).

Dentro dessa perceptiva, é-nos apontado que o caminho individual de uma representação diante do mecanismo do recalque indica uma nova construção, já que o desejo inconsciente foi recalcado. Freud diz que a representação pulsional original pode ser dividida em duas partes: uma sofre o recalcamento, e a outra faz uma ligação íntima de idealização, logo, cultural.

[31] Quando estamos sonhando, o recalque não faz sua pressão para a retirada das representações pulsionais na pré-consciência; porém, "com o despertar, as cargas de investimento do recalque, que haviam sido recolhidas, são enviadas de novo" (FREUD, 1915/2004, p. 181).

1.2.5 Retorno do recalcado

Sabemos que o recalque não elimina nenhum derivado do inconsciente, apenas o afasta. O termo "retorno do recalcado"[32] aparece muito cedo nos escritos de Freud, a perceber na Seção II do texto "As Neuropsicoses de defesa" (1894/2006) e em sua correspondência a Fliess, "Manuscrito K" (1896/2006).

O retorno do recalcado pode ser descrito como um processo em que os elementos recalcados tendem a reaparecer, mas deformados, distorcidos, e não como um espelho idêntico à sua originalidade. Por isso, esse retorno deformado é compreendido sob a forma de compromisso.

O reaparecimento do recalcado se dá pelos caminhos desviados, nos quais a distância entre o recalcado original e as distorções às quais se submeteu escapa ao mecanismo recalcado. Freud nos mostra que a fase do retorno do recalcado é o "fracasso do recalque, da irrupção, do retorno do recalcado" (1911/2006, p. 75). Apesar de aparentar um fracasso, porém, o retorno do recalcado tem como intuito a satisfação de um representante pulsional, mas sem que os outros sistemas sintam desprazer. Esse é o compromisso que o sistema do inconsciente faz com o sistema pré-consciente.

A partir dessa relação, há uma formação substitutiva. Existe uma série de apontamentos sobre a relação do retorno do recalcado com o recalque as quais informam que não é o próprio recalque que cria formações substitutivas, mas ele indica o retorno do recalcado. Ou seja, os processos do retorno do recalcado e do recalque são inteiramente diferentes. Apresentam-se três formas:

[32] O retorno do recalcado implica o retrocesso do desenvolvimento da libido ao local de fixação.

> 1) mecanismo do recalque de fato não coincide com o mecanismo ou mecanismos da formação substitutiva, 2) que existem diversos mecanismos de formação substitutiva muito diferentes entre si;"3) que ao menos uma coisa é comum aos diversos mecanismos de recalque: o *investimento da energia é recolhido* (ou, quando tratamos de pulsões sexuais, a *libido é recolhida*) (1915/2004, p. 183-184).

Freud assinala duas maneiras diferentes para entender o retorno do recalcado. A primeira está descrita na obra *"Gradiva" de Jensen* (1909), na qual ele insiste em denotar que o caminho percorrido pelo recalcado é o mesmo caminho associativo seguido do recalque. Em outras palavras, ao percorrer novamente um caminho em que tal representação foi recalcada, essa permitiria – em sua nova tentativa – uma satisfação distorcida do recalcado.

Todavia, Freud não conserva essa ideia, modificando seu pensamento nos textos da metapsicologia. O caminho tomado pelo recalcado é diferente do caminho que propõe o retorno. O retorno do recalcado é um movimento independente, um terceiro momento na operação do recalque. Vejamos:

> [...] o mecanismo da formação do sintoma também coincide com o do recalque? Até o momento tudo parece indicar que ambos divergem por completo, que não é próprio do recalque que cria formações substitutivas e sintomas, mas que estes últimos são indícios de um *retorno do recalcado* e devem seu surgimento a processos inteiramente diferentes (Freud, 1915/2004, p. 183).

Na terceira parte do ensaio *Moisés e o Monoteísmo* (1939[1934-1938]/2006), Freud assinala que o recalcado conserva sua energia ascendente, e seu esforço pode abrir caminhos até a consciência, tendo em vista três condições:

> (1) se a força do contrainvestimento é diminuída por processos patológicos que tomam conta da outra parte [da mente] que chamamos de *eu*, ou por uma distribuição diferente de investimentos energéticos nesse *eu*, como acontece normalmente no estado de sono; (2) se os elementos pulsionais que se ligam ao recalcado recebem um reforço especial (do qual o melhor exemplo são os processos que ocorrem durante a puberdade); e (3) se, em qualquer ocasião na experiência recente, ocorrem impressões ou vivências que se assemelham tão estreitamento ao recalcado, que são capazes de despertá-lo (p. 109).

Portanto, seja qual for a possibilidade do recalcado, ela nunca será dada de forma original e sem conflitos. É possível afirmar que o material recalcado é sempre submetido a distorções por exigência da censura.

1.2.6 Repressão - trabalho de cultura (Kulturarbeit)

Toda cultura repousa e se constitui por meio do estabelecimento de regras para regulamentar as práticas sexuais dos sujeitos. Tais regras estão apoiadas nos discursos de cada contexto histórico acerca da sexualidade, visando sempre sustentar determinada ordem política vigente. Desse modo, as condutas sexuais são diversas.

Trazer esse ponto para nosso tema é claramente ofertar os campos cultural e civilizatório acrescidos ao nosso psiquismo e, de certo modo, apresentar o conceito de repressão, que nunca está sozinho, uma vez que carrega consigo o imaginário social, isto é, o trabalho cultural.

A censura, baseada na construção dos conceitos psicanalíticos, oferece-nos um conceito que explicita a repressão.[33] A repressão é um mecanismo que não se assemelha ao recalque,[34] pois todo o seu funcionamento é cultual. Por isso, a repressão trabalha como uma segunda censura, situando-se entre o pré-consciente e a consciência, e atuando na forma de exclusão.

O recalque é o movimento universal pelo qual é marcado o modo de circular da pulsão do sujeito, "sendo a condição primeira para a existência do estado de cultura" (Ceccarelli, 2012, p. 31). A repressão, portanto, é aquilo que gera uma moral do sistema de valores capaz de sustentar o imaginário social. O trabalho de cultura e o imaginário social expressam que toda sociedade tem regras a respeito da utilização de sua satisfação, guardando curta reflexão dos mitos de origem de sua cultura.[35]

Não podemos esquecer que somos sujeitos pulsionais, como nos ensina Freud ao longo de sua obra – e, com isso, nossas escolhas objetais-sexuais remetem à nossa constituição. Dessa maneira, trabalhamos sempre para que a pulsão inerente ao ser humano tenha um destino particular; "toda forma de atividade sexual resulta de um percurso que seja pulsional, de uma história individual e única. [...] não há uma única maneira que se proponha certa e universal para as manifestações da sexualidade" (Ceccarelli; Salles, 2010, p. 22).

[33] Em sua língua-mãe, o termo psicanalítico é *Unterdrückung*; *Unter* significa "Para baixo" e *Drücken* "Pressionar, apertar, espremer" (KELLER, 2009).

[34] Na obra completa da Edição Standard (2006), há um equívoco em sua tradução. O conceito "recalque" é traduzido por "repressão", enquanto o termo "repressão" é usado como "supressão". Embora *repressão* e *supressão* possam ser, até certo ponto, semelhantes em seu mais amplo significado, traduzir *recalque* por *repressão* é um erro grotesco. Logo, decidimos usar as traduções mais comuns para a linguagem psicanalista, em que *Verdrängung* se traduz por *Recalque*, e *Unterdrückung*, por *Repressão*.

[35] Questão elucidada será melhor debatida no próximo capítulo.

Em "Moral sexual 'cultural' e o nervosismo moderno" (1908/2006), Freud apresenta as consequências para o sujeito enquadrado nas regras culturais de regulamentação sexual. Nesse sentido, "nossa cultura se baseia na repressão [*Unterdrückung]* de impulsos [*Trieb*]. Cada indivíduo renuncia a uma parte de propriedade, de sua onipotência [*Machtvollkommenheit*], das inclinações agressivas e vingativas de sua personalidade" (Freud, 1908/2006, p. 15).

Freud considera, porém, que aquele sujeito que não 'dominar' suas pulsões será rechaçado pela cultura.

> Quem, por força de sua constituição inflexível, não puder participar dessa repressão da pulsão, será visto pela sociedade como 'criminoso', como 'fora da lei', a menos que sua posição social e habilidade excepcionais lhe permitam nela se afirmar enquanto grande homem, enquanto 'herói' (Freud, 1908/2006, p. 173).

Neste texto, também são apresentados três estágios da civilização a partir do desenvolvimento da pulsão sexual, sendo eles: 1°) a pulsão sexual manifesta-se de forma livre e desatrelada do fim reprodutivo; 2°) a repressão das pulsões sexuais que não objetivem a reprodução; e, por fim; 3°) que a finalidade do sexual deve estar restrita à reprodução da espécie. Este último estágio corresponde à moral sexual civilizada:

> Torna-se fácil agora prever o que sucederá se a liberdade sexual for ainda mais restringida e a exigência cultural elevada ao nível do terceiro estágio cultura, portanto, condenando-se qualquer atividade sexual que não a do casamento legítimo. A quantidade dos indivíduos fortes que se situam em contraste aberto com a demanda cultural se multiplicará numa medida extraordinária, assim como o número

> dos mais fracos, que, em seu conflito entre a pressão das influências culturais e a resistência de sua constituição, refugiam-se na enfermidade neurótica (1908/2006, p. 176).

Assim sendo, a contribuição freudiana acerca das consequências da civilização estabelece regras rígidas de conduta no campo do sexual, as quais resultam em adoecimento psíquico, na medida em que "a influência prejudicial da cultura se reduzirá essencialmente à repressão nociva da vida sexual entre os povos civilizados pela moral sexual 'cultural' neles reinante" (Freud, 1908/2006, p. 171). Vale destacar que Freud considera os ganhos proporcionados à civilização por meio da sublimação das pulsões sexuais.

O psicanalista nos alerta, porém, que a sublimação não é possível para toda a energia sexual, tendo uma parcela dessa sua satisfação direta. Além disso, em razão do adoecimento proveniente da moral sexual civilizada, entendemos que a neurose frustra os objetivos da civilização e faz com que a sociedade não tenha nenhum ganho ao sacrifício civilizatório.

Percebemos com Freud que a repressão de ideias sexuais pulsionais se torna algo sem bons resultados: "Todos aqueles que querem ser mais nobres do que lhes permite sua constituição se rendem à neurose; poderiam se sentir melhor se lhes fosse permitido ser piores" (Freud, 1908/2006, p. 176).

É válido que possamos esclarecer o conceito de sexual, assim como Ceccarelli e Salles demonstram que "o sexual é inconsciente, lugar onde a sexualidade infantil trabalha; logo, o grande enigma do ser humano" (2014, p. 24). Tal citação nos remete à alteridade interna, uma vez que não somos donos de nossa própria morada (Freud, 1917/2006).

Em seu texto *Neurose de transferência: Uma síntese* (1915), Freud constrói um pensamento curioso da evolução civilizatória. Ele explica, com base em um pensamento darwiniano que relaciona a evolução do homem primitivo e suas mudanças de práticas às catástrofes ecológicas, que "o desenvolvimento ulterior desse homem primitivo realizou-se sob a influência dos destinos geológicos da terra e especialmente as agruras dos tempos glaciais teriam exercido o estímulo para o seu desenvolvimento cultural" (Freud, 1915/1987, p. 74). Em consequência disso, a sobrevivência do homem estaria garantida de acordo com seus investimentos pulsionais em novos objetos de satisfação, já que o antigo objeto em exercício estaria ficando escasso, "depois de ter aprendido a poupar sua libido e a reduzir sua atividade sexual através da regressão a uma fase anterior, a inteligência ganhou para ele o papel principal" (Freud, 1915/1987, p. 76).

A pulsão passa a renunciar por um objeto único de satisfação, objeto biologicamente determinado, e começa a buscar outros e quaisquer objetos para satisfazer-se. A exigência de suas pulsões é aquela que mantém o nível de tensão o mais baixo possível, causando assim as condições de satisfação psíquica e tirando do sujeito sua obrigatoriedade de se satisfazer apenas em meios de reprodução. Isso levou Freud a se referir a esses tipos específicos de reprodução como perversas: "As satisfações perversas, que não levam à procriação, escaparam às proibições, o que promoveu uma certa regressão para a fase de libido anterior ao primado dos genitais" (1915/1987, p. 76).

Esse movimento inovador ao homem primitivo é tratado por Freud como algo que poderia dar uma saída aos prazeres do corpo e da alma por via cultural. É importante ressaltar que cada momento desenvolvido na história filogenética trabalhada por Freud, da era glacial até o mito de *Totem e Tabu*,[36] seria repetido em cada sujeito, do nascimento ao complexo de Édipo.

[36] Texto será elucidado futuramente neste trabalho.

Portanto, a construção do Eu passa por uma concepção de trabalho de cultura, no qual tal posicionamento permite a constituição de uma repressão. O texto "Reflexões para os tempos de guerra e de morte" (1915/2006) apresenta um Freud sem esperanças na civilização. Ele mostra que as construções culturais são aquelas que moldam e condenam o pulsional, tratando-os como maus, de natureza primitiva.

A moralidade civilizatória nos impede de irmos ao encontro de nossos desejos; porém, esse modelo arca com alto preço. Uma vez que os sujeitos não elaboram suas libidos, essas passam a ser direcionadas ao ponto mais primitivo, permitindo que tanta repressão retorne em forma de violência.[37]

Para finalizarmos nossa contribuição sobre o conceito de "recalque", retomamos Jorge (2005, p. 44) em um 'resumo' interessante:

0 Recalque orgânico

° Postura ereta.

° Atrofia do olfato.

1 Fixação (mais tarde: recalque originário)

° *Precede e condiciona o recalque.*

° *Mantém pulsão imobilizada num estádio infantil*

° contrainvestimento

2 Recalque propriamente dito (recalque secundário)

° *Processo ativo que emana do Eu*

° Visa aqueles elementos pulsionais que ficaram para trás; logo, o recalque depende da fixação (mais tarde: recalque originário).

3 Retorno do recalcado

° Fracasso do recalque e irrupção do retorno à superfície.

[37] Essa proposta será uma de nossas hipóteses e será amplamente elaborada no último capítulo.

° A irrupção nasce no ponto de fixação, e a regressão da libido se produz até esse ponto.

1.3 A hipótese de um inconsciente

Até aqui entendemos que a psicanálise em sua essência aponta para formações de ideias pulsionais que circulam no inconsciente e tentam ser investidas na pré-consciência, para somente então descarregar suas energias no que tange a uma tentativa de satisfação. Já nos debruçamos, até o momento, em conceituar de inúmeras formas o que vem a ser a pulsão, seus representantes, suas características, seus destinos, bem como vimos o mecanismo de recalque e sua funcionalidade diante da pressão exercida pelo inconsciente. Diante disso, podemos tomar emprestado um questionamento de Freud em seu texto "O inconsciente" (1915/2006): "E como poderíamos chegar a conhecer o inconsciente?" (p. 19). Freud, de prontidão responde, relatando que só conseguimos chegar até o inconsciente se houver uma tradução no consciente.

Nossa experiência analítica aponta a possibilidade de acessarmos o inconsciente por manifestações. Sendo assim, a pergunta emprestada por Freud me leva a uma elaboração teórica, que contém um arcabouço um tanto quanto preciso.

O inconsciente pode ser descrito, no campo da língua portuguesa, como substantivo e adjetivo. O adjetivo "inconsciente" é usado várias vezes para demonstrar um conteúdo não presente no campo da consciência. Esse sentido se assemelha ao que Freud chamou de 'descritivo', isto é, não se faz discriminação entre os sistemas, mas apenas em relação ao conteúdo. Em sua forma substantiva, o inconsciente é tomado como um sistema.

Em se tratando de Freud, o conceito de "inconsciente" assume várias mudanças e transformações ao longo de sua obra. É possível notar a diferença do conceito em "Interpretação dos sonhos", do início do século 20, para um inconsciente tratado pela metapsicologia. E, claro, não podemos nos esquecer da construção freudiana do inconsciente, em sua segunda tópica com base na leitura do conceito de *o Isso*[38] (*das Es*). Importante ressaltar que a construção da segunda tópica de Freud não substitui a primeira,[39] mas devemos entender que *o Isso* é inconsciente, porém, não é o próprio inconsciente.

1.3.1 O que é o inconsciente? Possíveis justificativas para a sua existência

Freud em "O Inconsciente" dedica a sua primeira seção para depositar uma justificativa sobre a hipótese do inconsciente, justificando que essa suposição "é *necessária* e *legítima* e que dispomos de numerosas *provas* de sua existência" (1915/2006, p. 19). O psicanalista evidencia que os processos psíquicos são inconscientes em si e, quando são percebidos pela consciência, pode-se comparar sua percepção com a do mundo externo – por meio dos órgãos dos sentidos. As experiências cotidianas deixam claro que aquilo que nos interpela de forma espontânea e inesperada, ou seja, situações cuja origem desconhecemos podem ser descritas como uma ideia representativa do inconsciente. Tais atos que ultrapassam a consciência permaneceriam completamente incoerentes e inexplicáveis, dando apropriação incorreta à consciência.

A consciência tem apenas um pequeno acesso do conteúdo psíquico, representando que o derivado inconsciente

[38] O Isso, o Eu e o Supereu se referem à segunda tópica freudiana. Serão elaborados mais detalhadamente no próximo capítulo.

[39] Composta do inconsciente, do pré-consciente e da consciência.

agora acessado pela consciência esteve por longos períodos no inconsciente. Contudo, é possível pontuarmos que, assim como na Filosofia e na Psicologia, o inconsciente freudiano não se trata de um 'pedaço' da consciência, nem de um lugar caótico e misterioso, mas, sim, de um espaço no qual são depositados os desejos sem as influências moral e cultural.

Portanto, Freud não descreve uma consciência assim como elaboram esses autores acima, ou seja, não aborda uma consciência que domina, mas um inconsciente a ser elaborado. Na psicanálise, entende-se que há um sistema inconsciente que se opõe contra outro sistema, sendo esse pré-consciente/consciente, apresentando partes inconscientes, ainda que não seja inconsciente.

Freud faz críticas àqueles que não admitem o inconsciente enquanto um sistema psíquico, trazendo três objeções sobre a construção de uma segunda consciência – sendo ela ligada à consciência que já conhecemos na psicanálise. Na primeira objeção, Freud diz que a consciência a qual ninguém tem acesso não pode ser tratada como consciência porque essa é de outra natureza, assim sendo, "não pode ser comparada àquela; ademais, não parece adequado discutir uma segunda consciência", uma vez que ela não possui "o caráter de se fazer presente a consciência". A objeção posterior, a segunda, é depositada no sentido lógico sobre o qual a psicanálise nos ensina. Sabemos que os processos psíquicos inconscientes se proliferam no escuro e com isso não há relação prévia com a consciência; então, rejeitar a hipótese de um inconsciente seria necessário supor que há dezenas de consciências, posto que as formações do inconsciente são infinitas (1915/2006, p. 23).

A terceira e última objeção feita por Freud estabelece que alguns derivados inconscientes nos aterrorizam, e essa afirmação comprova que tais atos são desprovidos da consciência. Freud faz um alerta: "Devemos ainda acrescentar que a tentativa de resistir à hipótese da existência do inconsciente utilizando o termo 'subconsciente' também não teria sentido, pois o termo não seria adequado para designar nossa descoberta" (1915/2006, p. 23).

Ao continuarmos nossas tentativas em relação a Freud, de validar a existência do sistema inconsciente, precisamos elaborar uma resposta possível para esta pergunta: *mas onde fica o inconsciente*? Freud nos diz que "no que tange às suas características físicas [do inconsciente], eles nos são totalmente inacessíveis; não há conceito fisiológico nem processo químico que nos possam dar a menor noção acerca de sua natureza" (1915/2006, p. 21).

A psicanálise é alvo de muitas críticas por sua "cientificidade", e o local anatômico do inconsciente entra sempre em pauta para aqueles que se posicionam contrários à psicanálise. Sabemos que há forte tendência de as Psicologias não aderirem à ideia de um sistema sobre o qual não sabemos nada – nem mesmo sua anatomia – e que nesse 'local' se encontram nossos desejos. Mas isso não faz da psicanálise um discurso inválido, mesmo sabendo que a averiguação direta do inconsciente não seja feita, uma vez que dele nada sabemos, a não ser seus derivados. Portanto, o objeto de estudo da psicanálise não pode ser observado de forma direta.

A descoberta[40] de um inconsciente freudiano é sempre uma questão de debate, algo difícil de ser explicado pelos psicanalistas. Assoun esclarece isso da seguinte maneira:

[40] Garcia-Roza (1995) diz que "o próprio termo 'descoberta', para designar o procedimento freudiano em relação ao inconsciente, tem que ser empregado com reservas" (p. 210). Apesar de o autor citado não descrever o motivo de suas reservas, é possível que descordemos dele, uma vez que a palavra *descoberta* indica uma coisa que já existia, "mas que existia ignorada na natureza", assim como "3. Invenção ou criação". Disponível em: <https:www.priberam.pt/dlpo/descoberta>. Acesso em: 2 maio 2018.

> A argumentação é seguinte: toda *teoria* digna deste nome deve ser susceptível de validação empírica e de procedimentos determinados de verificação. Ora, a base da psicanálise freudiana, longe de repousar sobre fatos e procedimentos, é toda construída sobre a cal de *noções* com conotação *metafísica*, tomadas de empréstimo à *energética* de seu tempo (1983, p. 40).

A psicanálise, contudo, pode não se interessar em trazer o inconsciente para um lugar de ciência, mas sua teoria é bem embasada e bem articulada, tanto por Freud quanto por seus leitores.

Nasio na obra *Cinco lições sobre a teoria de Jacques Lacan,* especificamente em sua segunda lição, responde a uma pergunta de um participante de seu seminário de forma irônica, porém, precisa:

> - A propósito do inconsciente, eu gostaria, em primeiro lugar, de conhecer sua reação à réplica de um amigo meu que não acredita na psicanálise e que me disse, recentemente "Quanto a mim, não tenho inconsciente!" Que acha o senhor disso? É possível alguém não ter inconsciente?
>
> - Se você me permite a ironia, creio que seu amigo tem razão: ele não tem inconsciente.
>
> - Mas, como é que ele pode ter razão?!
>
> - O inconsciente só existe no interior do campo da psicanálise e, mais precisamente, no interior do campo do tratamento analítico. Ora, seu amigo me parece situar-se fora desse campo e, por conseguinte, fora do inconsciente (1993, p. 49).

Seguindo a resposta irônica de Nasio, o psicanalista francês Laplanche percorre um caminho analítico similar acerca do inconsciente. Em sua *Problemática IV – O inconsciente e o Id*

(1992), o autor pontua de forma categórica: "O inconsciente é individual; para ser escandaloso, eu diria que ele está *na cabeça de cada indivíduo*. O inconsciente é essa parte de sua história" (p. 115).

1.3.2 Inconsciente: ponto de vista tópico e seus sentimentos

O interesse de Freud pela natureza dos conflitos na origem da neurose é chamado de ponto de vista dinâmico. Na introdução da 2ª seção do texto "O Inconsciente", Freud faz distinção entre o inconsciente, a pré-consciência e o próprio consciente. Essa análise apresenta uma nova ótica sobre os processos psíquicos, inaugurando uma localização topográfica desses – distintos do aparelho psíquico – nomeados de "ponto de vista tópico". É viável que possamos lembrar que tal localização não se assemelha à anatomia.

Nesse momento, Freud introduz o conceito de pré-consciente, sendo que um *ato psíquico* passa por fases antes de se tornar consciente, como ele mesmo nos diz; "a psicanálise afirma que um ato psíquico passa, em geral, por duas fases e que entre ambas há uma espécie de teste (*censura*)" (Freud, 1915/2006, p. 25). Ele ensina que, na primeira fase, esse *ato psíquico* está em estado inconsciente e pertence a esse mesmo sistema; porém, se esse ato for rejeitado pelo recalque, sua passagem para a segunda etapa será bloqueada. Contudo, caso seja 'aprovado' pela censura, esse *ato psíquico* irá para a segunda etapa, que o faz pertencer ao "*tornar-se consciente*". Essa circunstância de *tornar-se consciente* é uma condição para que tal representante possa se tornar objeto da consciência, sendo que esse ponto de vista tópico é a pré-consciência; "ele [o ato psíquico] pode ainda não se encontrar em estado consciente, mas certamente ser *capaz de tornar-se consciente*" (Freud, 1915/2006, p. 25).

Uma questão que podemos problematizar é se, de fato, Freud coloca o consciente como um sistema. Tanto sua carta para Fliess, Carta 52, (1896/2006), quanto em "A interpretação do sonho" (1900/2006), Freud localiza a consciência em uma extremidade do aparato psíquico, colocando-a como não pertencente ao registro psíquico, isto é, extrínseca à memória psíquica. Logo, mais ligada à atenção da percepção do que ao sistema psíquico: "Entretanto, não confundamos a memória consciente com os traços da lembrança nos quais se fixam as vivências do inconsciente" (Freud, 1915/2006, p. 39).

Elaborando essas configurações, surge uma dúvida sobre a veracidade de a consciência ser ou não realmente um sistema. Apontamos, de acordo com Garcia-Roza, que a contraposição do inconsciente é a pré-consciência – e não o consciente. "Teremos, então, dois sistemas psíquicos, o *Ics* e o *Pcs*, concebido como *lugares* psíquicos, como diferentes conjuntos de processos e representações psíquicas e com diferentes modos de relação com a percepção-consciência" (1995, p. 220).

Freud avança em seu texto questionando como as representações[41] passam do sistema inconsciente para a pré-consciência. Ele nos apresenta a transição em três indagações:

> 1) Devemos supor que essa transição implica uma nova fixação, isto é, um processo análogo a um novo segundo registro da referida ideia?; 2) Portanto, que também a nova inscrição estaria situada em numa nova localidade psíquica, que a partir de então passaria a existir em paralelo ao antigo registro inconsciente original? 3) Ou devemos supor que a

[41] Freud (1915/2006) limita suas indagações trazendo o *ato psíquico* como representações.

> transposição consiste em uma mudança de estado que se aplica ao mesmo material e no mesmo local? (Freud, 1915/2006, p. 26).

Para responder a essas questões, é necessário que possamos elucidar duas construções importantes de Freud: as inscrições *topográfica* e *funcional*.

Na hipótese topográfica, o psicanalista parece ter antecipado tal posição em sua Carta 52, já que a *inscrição* sofria uma retranscrição, "o material presente em forma de traço da memória estaria sujeito, de tempos em tempos, a um *rearranjo* segundo novas circunstâncias – a uma *retranscrição*" (Freud, 1896/2006, p. 287). Podemos descrever essa retranscrição baseando-nos em diferentes representações, ou seja, cada ideia que surge é um novo registro situado em outra localização. Freud vem nos dizer que essa hipótese é "sem dúvida, a mais grosseira, mas também a mais cômoda" (1915/2006, p. 27). Ele faz uma elaboração precisa do que poderia ser a hipótese *tópica*:

> A primeira suposição, que é tópica, implica uma separação tópica dos sistemas Inconsciente e Consciente, bem como a possibilidade de que uma ideia possa estar simultaneamente presente em dois lugares do aparato psíquico; e mais: que essa ideia, sem a inibição imposta pela censura, avance regularmente de uma posição para outra, eventualmente sem perder seu primeiro *locus* ou registro. Isso pode soar estranho, mas de fato apoia-se em experiências da prática psicanalítica (Freud, 1915/2006, p. 27).

A segunda hipótese de Freud, a funcional, é a "menos plástica, mas também a mais difícil de manipular" (1915/2006, p. 27). Essa hipótese traz consigo a preparação de uma ideia investida pelos sistemas; logo, trata-se de um ponto de vista econômico. Freud aborda essa suposição de tal forma que a representação, ultrapassando a censura, pode ser investida por outro sistema, isto é, a representação investida e que permanece no inconsciente vai para a pré-consciência; porém, há uma dificuldade no que diz respeito ao investimento energético da pré-consciência.

Freud declara que, "ao lançarmos essas hipóteses, acabamos por inserir implicitamente a suposição de que a passagem do sistema Inconsciente para outro situado próximo a ele não se dá por meio de um novo registro ou inscrição" (p. 31); isso quer dizer que há uma mudança de localização da representação, entretanto, por meio de uma carga de investimento, e não 'criando' uma nova inscrição. Freud diz que "a hipótese funcional desbancou facilmente a hipótese tópica" (1915/2006, p. 32).

Apesar disso, questionamo-nos como essa representação se torna consciente. Antes de explicarmos essa questão, é importante interpelemos aquilo que Freud chamou de "um possível sentimento inconsciente", ao sugerir a seguinte indagação: "Dizíamos que há representações mentais conscientes e inconscientes: mas será que também há pulsões, sentimentos e sensações inconscientes, ou não faz sentido imaginar que existam tais combinações?" (1915/2006, p. 28).

Tal questão proposta por Freud já nos dá um direcionamento de uma possível resposta. Tomando a pulsão como ponto que todos nós temos, é importante saber que essa nunca se tornará objeto da consciência, apenas sua representação ou seu afeto. No inconsciente, porém, também não encontramos a pulsão, ou seja, se ela não se ligasse a representações, nada dela saberíamos.

Entendemos, de certo modo, que a natureza dos sentimentos e seu ato de ser sentido é sempre consciente; logo, dizer de um sentimento inconsciente é impreciso e incorreto. Contudo, é de se indagar que os sentimentos de ódio, raiva, medo, podem vir por um ato de deslocamento,[42] isto é, inconsciente. Esses atos de sentimento inconsciente são decifrados por Freud e nomeados de "afeto".

O afeto, assim como os sentimentos, está sujeito a variações da ordem quantitativa da representação pulsional. É totalmente plausível nos enganarmos em dizer que um afeto desaparece por meio de um recalque. Ele não desaparece por força de um recalque, mas por força da repressão [Unterdrückung]. Freud nos ensina que "a repressão do desencadeamento do afeto é o verdadeiro objetivo do recalque e que seu trabalho permanece inacabado se o objetivo não for alcançado" (1915/2006, p. 29).

Admitimos que o afeto pode se tornar inconsciente; no entanto, por outras vias, associando-se a outra representação, que, por sua vez, pode ser reprimida, ou mais ainda, transformando esse afeto em angústia.[43]

Embora afirme que não haja afetos inconscientes, assim como há representações desses afetos, Freud relativiza sua afirmação, "mas no sistema Inconsciente pode, sim, haver formações de afeto que venham a se tornar conscientes tal como ocorre com outros tipos de formação que conhecemos" (1915/2006, p. 30).

Na dinâmica do aparelho psíquico, a representação pulsional consiste em cargas energéticas investidas, enquanto o afeto é um processo de descarga, da qual suas manifestações são entendidas como sensações. Freud em sua 25ª Conferência Introdutória, é claro:

[42] Sobre o deslocamento, elucidarei mais adiante.

[43] Para a base de elaboração, o afeto quando não se liga a uma representação e ainda sim se apresenta a consciência, podemos dizer que seu resultado é a angústia.

> Um afeto inclui, em primeiro lugar, determinadas inervações ou descargas motoras e, em segundo lugar, certos sentimentos; estes são de dois tipos, percepções das ações motoras que ocorreram e sensações diretas de prazer e desprazer que, conforme dizemos, dão ao afeto seu traço predominante (1917/2006, p. 396).

Aprofundar no campo do inconsciente conceituado por Freud é valioso para nossa pesquisa; assim é necessário que conheçamos as suas propriedades.

1.3.3 O que tem no inconsciente?

O sistema inconsciente tem seu cerne composto dos representantes pulsionais que buscam uma forma de ter sua descarga. Os representantes estão coordenados entre si, não se influenciam nem se contradizem, isto é, trabalham de forma simultânea. Podemos perceber que a meta de uma representação é sempre a satisfação, porém, o caminho que se faz pode ser diferente. Logo, temos uma questão: *se as representações trabalham de forma simultânea em busca de sua satisfação com caminhos distintos, o que acontece com essas representações, elas se cancelam?* As representações se convergem em um caminho intermediário, em uma solução de compromisso (Freud, 1915/2006).

No âmbito do inconsciente, Freud nos diz que não há um espaço para a negação, suas dúvidas ou seus derivados. A negação só pode ser entendida em nível pré-consciente/consciente, conferindo, por consequência, uma função substituta ao recalque.

Ao dizer do inconsciente, ele faz parte do *processo psíquico primário,* já que, de seu ponto de vista econômico, há livre circulação de energia. Essa livre circulação não se dá de forma atrapalhada, desorganizada, mas é circulada por dois mecanismos – *deslocamento* e *condensação*. O *deslocamento* aponta para uma passagem de carga de investimento de uma representação para outra representação; ao passo que a *condensação* é quando uma representação se acomoda de uma carga de investimento de várias outras representações.

Comparando o inconsciente com o outro sistema psíquico, o pré-consciente, a forma de seu funcionamento se dá pelo *processo psíquico secundário*, no qual sua energia não se exerce de forma livre, mas é configurada através de uma energia ligada. Diante dessa construção, não podemos deixar de lembrar que esses dois sistemas – incluindo seus dinamismos econômicos – são correspondidos aos seus princípios. O inconsciente procura sua satisfação pelo caminho curto e direto, ou melhor, caminhos regidos pelo princípio de prazer. Já no sistema pré-consciente, sua energia é ligada, obrigando-o a desvios e prorrogações da satisfação, visto que o seu princípio é o da realidade.

Outra característica atribuída ao sistema inconsciente é a atemporalidade. Freud nos diz que "atenhamo-nos ainda ao inconsciente e ressaltemos agora que os processos nesse sistema são *atemporais,* eles não são cronologicamente organizados, não são afetados pelo tempo decorrido" (Freud, 1915/2006, p. 38).

Tomado como conhecimento as características do sistema inconsciente é válido que saibamos como funciona e circula os derivados do inconsciente – isso será descrito na abertura do próximo capítulo.

CAPÍTULO 2

Narcisismo e construção do Eu

A psicanálise nos interpela por sua peculiaridade de ir além daquilo que a consciência nos apresenta, permitindo decifrar, a seu modo, os motivos que levam um homem a cometer feminicídio contra sua parceira, que ele diz ter amado ou por ela estar apaixonado. Para isso, precisamos percorrer por uma via de conceitos cruciais e caros à teoria.

Esse árduo caminho subjetivo traçado pela psicanálise dá uma possibilidade de maior embasamento para este livro. Contudo, é nosso dever compreender conceitos que balizam a subjetividade humana, tais como o narcisismo, os ideais concebidos pelo romance familiar e pela produção social, o aparato filogenético freudiano e, por fim, as instâncias nomeadas de segunda tópica.

É interessante notar que tais conceitos se relacionam com o capítulo anterior para fundamentar minhas hipóteses.

2.1 O conceito de narcisismo

No fim do século 19, o termo "narcisismo" era utilizado por sexólogos para descrever uma perversão sexual definida pelo amor do sujeito por si mesmo. Em 1908, segundo Roudinesco (1998), Isidor Sadger propõe o narcisismo como uma modalidade de escolha de objeto nos casos de homossexualidade, estágio normal da evolução humana. O termo "narcisismo" fora empregado por Freud, como nos informa Jones (1955, p. 388), em uma reunião da Sociedade Psicanalítica de Viena, em 10 de novembro de 1909, ao declarar que o narcisismo é uma fase intermediária entre o autoerotismo[44] e o amor objetal.

Freud escreveu, pela primeira vez sobre o termo, em 1910, em uma nota de rodapé inserida no texto "Três ensaios sobre a teoria sexual" (1905/2006), no capítulo sobre os "Invertidos". Em relação aos invertidos, Freud diz que "tomaram a si mesmos como objeto sexual, ou seja, partindo do narcisismo, buscaram homens jovens e parecidos com sua própria pessoa, a quem eles devem amar tal como a mãe os amou" (1905/2006, p. 137, nota de rodapé 1).

Freud ainda faz, anteriormente ao texto de 1914, menções sobre o termo em "Leonardo da Vinci e uma lembrança de sua infância" (1910) e no caso do presidente Schreber (1911), no qual relata que o narcisismo é uma construção normal da evolução humana, indicando que sua construção seria da mesma ordem que Isidor Sadger.

O comentário editorial da Standard Edition (1914/2004) sobre o texto "À guisa de introdução ao narcisismo"[45] nos mostra um breve histórico do caminho traçado por Freud até a construção de um dos textos mais importantes para a psicanálise. A ideia desse artigo se manifestou com base nas cartas de

[44] Autoerotismo é um comportamento sexual no qual o sujeito tem a satisfação vinda unicamente do próprio corpo (LAPLANCHE; PONTALIS, 2001, p. 47).

[45] Esclareço que, na edição da Imago traduzida por Luiz Hanns (2004), decidiu-se manter as notas de rodapé e também os comentários de editores que antecedem ao texto da Standard Edition.

Freud datadas de junho de 1913, quando concluía seu primeiro esboço em viagem de férias a Roma. Ainda no comentário, foi somente no fim de fevereiro de 1914 que Freud começou a redigir a versão final desse trabalho, nomeado de *Zur Einführung des narzissmus* / À guisa de introdução ao Narcisismo.

Valendo-nos do escopo anterior, sabemos que uma pulsão precisa de um objeto para que possa descarregar sua energia, ou seja, é pelo objeto que se encontra sua meta. Freud, porém, apresenta no *narcisismo* que o objeto da pulsão não precisa ser necessariamente um objeto externo. Ele nos diz que de modo algum o neurótico suspende sua relação erótica com as pessoas e as coisas: "Ele ainda conserva as pessoas e coisas na fantasia. Isso significa que, por um lado, substituiu os objetos reais por objetos imaginários". Freud não para por aí, "e, por outro, que desistiu de encaminhar as ações motoras necessárias para atingir suas metas em relação a esses objetos" (Freud, 1914/2004, p. 98).

Diante dessa dúvida entre os objetos pulsionais, o psicanalista se vê em uma questão que parece ser o cerne da dificuldade para elaborar esse tema: "Qual é a relação desse narcisismo, do qual estamos tratando agora, com o autoerotismo, que descrevemos como um estado inicial da libido?" (p. 99). Sua reposta é clara. Freud vem dizer que não há uma unidade comparável ao Eu, não desde o início da vida do sujeito. O Eu precisa ser, portanto, desenvolvido. "As pulsões autoeróticas", diz Freud, "estão presentes desde o início, e é necessário supor que algo tem de ser acrescentado ao autoerotismo, uma nova ação psíquica, para que se constitua o narcisismo" (Freud, 1914/2004, p. 99). Essa constituição do narcisismo, acrescentada ao autoerotismo é o que chamamos na psicanálise de "Eu" (*Ich*).

Freud admite que o Eu é investido de libido, e, a partir daí, transfere sua energia aos objetos externos; energia essa que tem um *quantum* que permanece no Eu. É a partir daí que Freud (1914/2004, p. 99) elabora uma segunda questão: "Por que seria ainda necessário diferenciar, de um lado, uma libido sexual e, do outro, uma energia não-sexual pertencente às pulsões do Eu?". Em relação ao esclarecimento dessa questão, cabe uma breve elucidação do termo "libido" na psicanálise freudiana.

A libido é conceituada por Freud como uma energia psíquica que parte do corpo e investe em um objeto. É uma expressão psíquica da pulsão sexual, "é um termo empregado na teoria das pulsões para descrever a manifestação dinâmica da sexualidade" (Freud, 1923[1922]/2006, p. 271). A libido para Freud é referida à pulsão sexual e não se reduz a nenhuma outra força energética. Na proporção que a pulsão sexual se situa entre o anímico e o somático, a libido toma seu aspecto anímico, manifestando seu dinamismo. Na medida em que a pulsão exerce sua força constante, a libido passa a ser denominada como energia dessa pulsão.

O conceito de libido na obra de Freud é vasto e invariável, calcado em uma concepção quantitativa, como ele nos mostra em "Psicologia das massas e análise do Eu" (1921/2006, p. 101). A saber: "Damos esse nome à energia, considerada como uma magnitude quantitativa (embora na realidade não seja presentemente mensurável), daquelas pulsões que têm a ver com tudo o que pode ser abrangido sob a palavra 'amor'". Ou seja, a libido não pode ser tomada como uma força qualitativa; ela é uma energia irredutível, e não especificada. Freud aponta que a libido é sempre sexual em sua meta.

Segundo Laplanche e Pontalis, Freud aproxima o conceito de libido com o de desejo sexual, que busca sua satisfação, "e permite seguir as suas transformações; é que nesse caso trata-se apenas de libido objetal; vemos esta concentrar-se em objetos, fixar-se neles ou abandoná-los, deixando um objeto por outro" (2001, p. 267). Com base nessa concepção quantitativa da libido – nomeada de teoria da libido – é que introduzimos a libido do Eu.

Desse modo, podemos fazer a distinção entre libido do Eu e libido objetal. Ambas são relativas à pulsão sexual, na qual o objeto a satisfazer pode ser o próprio corpo, ou seja, o Eu, ou o objeto externo. Sabemos que o Eu é um grande reservatório de libido conservando toda a energia para si mesmo. Consecutivamente, esse investimento é direcionado a objetos externos, "poderíamos dizer que ela [a libido] se relaciona com os investimentos realizados nos objetos de modo análogo àquele com que o corpo de um protozoário se relaciona com os pseudópodes que projeta em direção aos objetos" (Freud, 1914/2004, p. 99).

Quando tal investimento no objeto tem seu retorno no Eu, surge o que Freud chamou de "narcisismo secundário". Freud remonta a lógica do narcisismo utilizando contribuições como a libido, descrevendo um narcisismo primordial, no qual o sujeito toma a si mesmo como objeto de amor, antes de direcionar sua libido para os objetos externos. Em dado momento de percepção do sujeito, ele começa a ter capacidade de amar outras pessoas separadamente de si e constitui assim uma relação, ou seja, começa a amar a si mesmo como retorno do amor direcionado ao outro.

É importante que possamos traçar e reunir todas as premissas freudianas sobre o conceito de narcisismo; porém, não trataremos tal conceito como uma pesquisa extensa, mas como análise intensa em sua perspectiva mestra de elaboração. Assim, atentaremo-nos ao conceito utilizado no texto de 1914 – "À guisa de introdução ao Narcisismo" – e avançaremos no conceito de *narcisismo* apontado por Freud como o *narcisismo primário e secundário.*

2.1.1 Narcisismo primário e secundário

O narcisismo primário é uma etapa posterior ao autoerotismo e anterior ao narcisismo secundário. É válido atentarmos que a leitura dos textos de Freud sobre esse narcisismo pode criar certa confusão entre o narcisismo primário e o autoerotismo. Todavia, devemos notar que para o autoerotismo não há um Eu constituído; o que há é apenas uma pulsão sexual satisfazendo-se no próprio corpo. Se o conceito de narcisismo está em questão, é possível entendermos que ali já existe um Eu, como diz Freud (1914/2004) no início de seu texto. Garcia-Roza é categórico em falar da não presença de um Eu desde o início.

> Isso não importa, não se trata de tentar estabelecer uma cronologia da pulsão em relação às funções biológicas, quando as pulsões tornam-se independentes do instinto ou qualquer coisa semelhante. O início a que ele se refere é o da série prazer/desprazer, início da vida erótica, sendo fundamental entendermos que daí por diante a própria vida biológica será libidinada. A sexualidade não tem sua origem no biológico, assim como uma ordem secundária pode ter sua origem em uma ordem primária que a fundamenta e fornece seu princípio de inteligibilidade. Se o pulsional é um "desvio", certamente não o é do biológico. O pulsional é desviante em si mesmo, desvio original e não desvio de outra ordem da qual é tributário (1995, p. 54).

Diante dessa possível confusão, o autoerotismo é o primeiro modo de satisfação da libido, quer dizer, um órgão consegue obter prazer de si mesmo porque as pulsões parciais procuram satisfação. Após a construção de um Eu a partir do narcisismo dos pais, o investimento libidinal não é apenas aos órgãos, mas também ao Eu, como mostra o esquema abaixo;

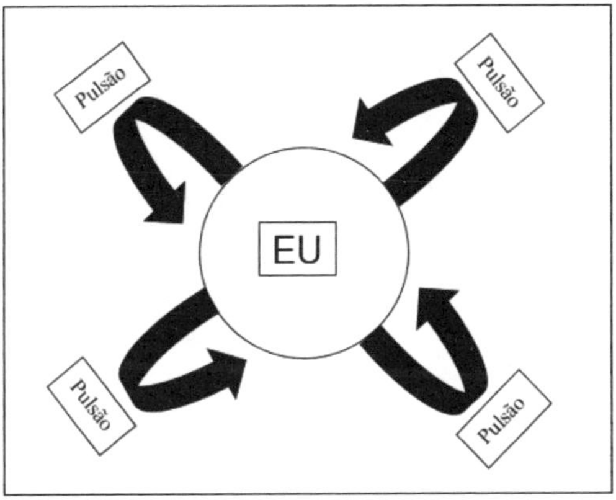

Figura 3 - Esquema retirado como base do Livro *7 Conceitos crucias da psicanálise*, de J-D. Nasio

No narcisismo primário, a pulsão procura sua satisfação no próprio sujeito, trazendo assim o próprio corpo como objeto.

Em "À guisa e introdução ao Narcisismo", Freud assinala dois tipos de escolha de objeto; tipo narcísico e tipo de escolha por veiculação sustentada.[46]

46 A frase *sich lehnen an* é traduzida por *veiculação sustentada* por Luiz Hanns (2004). O tradutor nos aponta que esse termo se refere a uma inclinação do corpo ou parte dele sobre um encosto, porém, sem se apoiar por inteiro. Esse termo evoca também a ideia de "pegar carona" na terminologia social (o caminho já está aberto). Traduzindo tal expressão para a psicanálise, temos pulsões sexuais que utilizam vias oferecidas pelas pulsões de autoconservação para se satisfazerem. Esse apoio pode ser visto como "um suporte para veicularem e se expressarem; o mesmo vale para a forma substantivada *Anlehnungstypus*, isto é, trata-se de um tipo de escolha de objeto que se serve das trilhas deixadas pela satisfação obtida pelas pulsões de autoconservação para se veicular, sustentando-se sobre tais trilhas" (HANNS, 2004, p. 126, Nota do tradutor 57).

1) Conforme o tipo narcísico:
a. o que se é (a si mesmo);
b. o que se foi;
c. o que se gostaria de ser;
d. a pessoa que outrora fez parte de nosso próprio si-mesmo.

2) Conforme o tipo de escolha por veiculação sustentada:
a. a mulher que nutre;
b. o homem protetor.

No primeiro caso, a criança toma a si mesma como objeto de amor; enquanto no segundo, a criança escolhe como objeto sexual a pessoa incumbida de sua alimentação, cuidado e proteção. Freud alerta que os humanos não são radicalmente divididos nesses dois grupos; porém, a escolha de objeto, embora não seja de fato por um ou outro grupo, acabará privilegiando sua identificação com algum dos dois.

Nesse momento do narcisismo primário, Freud é perspicaz em trazer o romance familiar para o meio da construção da escolha de objeto. Ele diz que o narcisismo dos pais, que fora abandonado havia bastante tempo em nome da cultura, é então revivido em seu filho, acarretando uma nova reprodução. As 'perfeições' dos pais e seus privilégios são direcionados à criança, constituindo assim um Eu. O Eu que surge a partir daí, de uma imagem unificada – entre o pai e a criança – e, desse retorno do narcisismo paterno e materno, constrói o *Eu ideal*, correspondendo ao narcisismo primário. O narcisismo primário seria, então, uma onipotência entre o narcisismo que nasce na criança e o narcisismo que renasce nos pais.

Antes de entrarmos na explanação sobre o narcisismo secundário, algumas considerações em favor do nosso objetivo devem ser feitas. Para aproximarmos esses dois grupos da questão que circula este livro, é possível pensarmos em qual dessas escolhas o homem estaria ancorado. Freud relata que o amor objetal do homem é apoiado pela escolha por veiculação sustentada, uma vez que a supervalorização sexual está presente. Essa supervalorização é característica de um narcisismo originário – difícil para o homem abrir mão e amparar uma ferida narcísica. A cultura patriarcal impede que esse narcisismo possa ser renegado, e sua possibilidade de posse do objeto amado é instituída. Freud nos diz que "a supervalorização, que já havíamos apontado como um indício seguro de que estamos em presença de um estigma narcísico na escolha objetal, também domina, como se sabe, essa relação afetiva entre pais e filhos" (Freud, 1914/2004, p. 110). Seria válido falarmos da escolha de objeto feita pelas mulheres,[47] porém, foge de nosso escopo e de nosso objetivo apresentarmos tal questão.

O narcisismo secundário[48] corresponde a um retorno ao Eu dos investimentos feitos nos objetos externos. Ou seja, que a libido anteriormente guardada no Eu, e até então com investimento apenas no próprio Eu, agora investe em objetos externos e consequentemente tem o Eu enquanto objeto. O narcisismo secundário pressupõe dois movimentos: 1) investimento no objeto; 2) retorno desse investimento para o Eu, tomando esse como objeto.

[47] Freud (1914/2004) utiliza a mulher e homem enquanto gênero, e não como sexo biológico. Luiz Hanns (2004, p. 123) aponta que a palavra usada por Freud para referenciar o homem e a mulher foi *Geshlecht*, o que indica gênero, e não sexo no âmbito sexista. Pode-se, então, compreender que mulher e homem, na descrição de Freud, são posições das escolhas de objeto de amor, e não o sexo como órgão genital.

[48] É interessante saber que Freud escreveu sobre narcisismo secundário no texto "À guisa e introdução ao narcisismo" (1914/2004) apenas uma vez.

Freud esclarece essa composição dizendo que "assim, esse narcisismo, que se constitui ao chamar de novo para si os investimentos anteriormente depositados nos objetos, pode ser concebido como um narcisismo secundário, superposto a outro, primário" (p. 98).

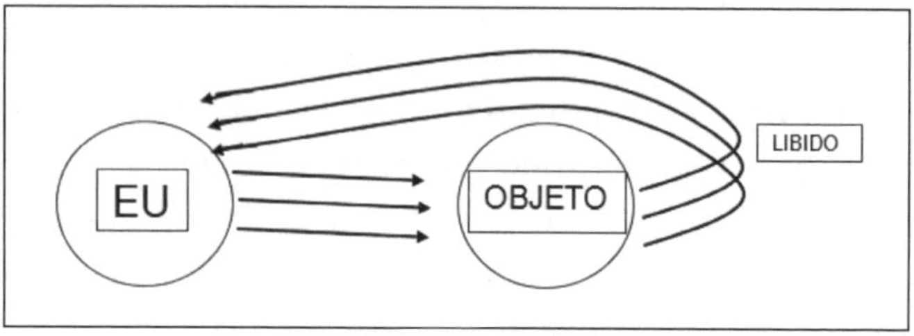

Figura 4 - Esquema retirado como base do Livro *7 Conceitos crucias da psicanálise*, de J-D. Nasio

Os narcisismos propostos por Freud nos dão clareza de que não há um abandono do Eu quando se investe no objeto, nem mesmo um abandono do objeto quando se trata de um investimento no Eu. Quando consideramos tais narcisismos, pensamos em uma formalização da construção psíquica do sujeito e de seu lugar frente ao objeto, quer dizer, devemos tomar as construções narcísicas pensando em uma distinção do dinamismo pulsional e do lugar estrutural. Na neurose, há uma renúncia da libido em prol do Eu, porém, tal situação não exclui o liame do sujeito com pessoas e coisas. Esse vínculo é mantido pela fantasia, substituindo assim os objetos reais por imaginários: essa é a saída que a neurose[49] faz (Garcia-Roza, 1995).

[49] Não é possível que possamos falar de outras formas da funcionalidade do psiquismo, como no caso da psicose e da perversão, já que este livro é direcionado aos estudos da neurose.

Garcia-Roza (1995, p. 50) faz uma reflexão interessante em seu trabalho, ao tratar dos narcisismos, apontando que "não será mais consistente teoricamente a admissão de um único narcisismo e que este é necessariamente subsequente do autoerotismo?". Tal questionamento poderia ser válido; no entanto, a localização de dois narcisismos para Freud é uma possibilidade de dois lugares nos quais o sujeito se localiza na ordem dos objetos, sendo o Eu investido como única fonte de prazer ou investido em forma de objeto. Diante dessa questão, abrimos uma pergunta: *por que um sujeito deixa o narcisismo primário*? Esse questionamento nos permite contrapor a questão elaborada por Garcia-Roza, possibilitando-nos até mesmo a entrar em um novo campo de estudos que Freud apresenta ao longo de sua obra, o *Eu Ideal* e o *Ideal-do-Eu*.

2.1.2 Eu Ideal e Ideal do Eu

Freud diz sobre a construção do Eu ideal:

> Sabemos que, quando as moções pulsionais libidinais entram em conflito as concepções [*Vostellungen*] culturais e éticas do indivíduo, o destino das moções será o recalque patogênico. Todavia, não estamos com isso querendo dizer que a condição do recalque o sujeito passa a ter um conhecimento meramente intelectual sobre a existência dessas concepções, ele continua a considerá-la parâmetros fundamentais para si próprio e se submete de fato às exigências que derivam dessas concepções culturais e éticas. Já dissemos que o recalque ocorre a partir do Eu, mas poderíamos agora ser mais precisos: ele parte da avaliação que o Eu faz de si mesmo. As mesmas impressões, vivências, impulsos e moções de desejo que uma pessoa consegue tolerar em si própria, ou

> que ao menos consegue processas conscientemente, outra irá rechaçar com indignação até mesmo eliminar antes que venham a se tornar conscientes. A diferença entre ambos os indivíduos pode ser facilmente expressa em termos que não só nos permitam explicá-la pela teoria da libido, como também nos possibilitem discriminar qual é a condição para que ocorra o recalque. Podemos dizer que um sujeito erigiu em si um *ideal*, pelo qual mede seu Eu atual, enquanto na outra pessoa esse ideal não se formou. Assim, a condição para o recalque é essa formação ideal por parte do Eu (1914/2004, p. 112).

Essa passagem de Freud aponta para o Eu que se vê confrontado com um ideal contrastante, um ideal imposto de fora. O amor que fora desfrutado pelo Eu agora se dirige ao Eu ideal. O narcisismo nasce, então, a partir de um deslocamento nesse Eu – que é um ideal. O sujeito mostra-se incapaz de fazer renúncias à sua satisfação já sentida; assim sendo, ele propõe uma nova repetição em busca daquilo que um dia lhe deu prazer. Renunciar a esse ápice narcísico é uma saída para o narcisismo secundário – nesse momento, conseguimos sustentar a nossa argumentação, contrapondo a posição de Garcia-Roza – o que causa, assim, uma ferida. Freud ensina que o sujeito não quer privar-se da completude e da perfeição que o estado narcísico lhe proporciona, mesmo sabendo que ele não poderá se manter nesse estado, já que "as admoestações próprias da educação, bem como o despertar de sua capacidade interna de ajuizar, irão perturbar tal intenção" (Freud, 1914/2004, p. 112).

Esse é o passo importante para esclarecer a hipótese que voltaremos a discutir no próximo capítulo. O homem que comete feminicídio retorna ao tempo mais primitivo de seu narcisismo, ao não suportar uma nova ferida narcísica, isto é, um ato submetido a exigências e renúncias de seus desejos e escolhas objetais. Contudo, ele usa da violência e da exclusão desse objeto em que sua libido foi investida. A supervalorização sexual como uma escolha de veiculação sustentada pelo homem é uma idealização do objeto.

Freud descreve o Eu ideal como uma forma particular que o Eu assume, uma imagem composta de perfeições incididas sobre o próprio amor. Essa imagem é atribuída ao narcisismo dos pais, que ressurge ao ser abandonado pela exigência real. O Eu ideal é, portanto, uma imagem idealizada do Eu. O Eu ideal é uma consequência do discurso dos pais, um discurso apaixonado, investido libidinalmente sem atributos da realidade, que conduzirá esse pequeno sujeito a um campo narcísico.

Não devemos nos enganar acreditando que o Eu Ideal é uma fase constituída por períodos. Ao contrário, o Eu ideal permanece no sujeito até sua vida adulta, transformando-se a cada momento, "assim, o que o ser humano projeta diante de si como seu ideal é o substituto do narcisismo perdido na infância, durante a qual ele mesmo era seu próprio ideal" (Freud, 1914/2004, p. 113).

O Ideal do Eu é uma "instância da personalidade resultante da convergência do narcisismo (idealização do Eu) e das identificações com os pais, com os seus substitutos e com seus ideais coletivos" (Laplanche; Pontalis, 2001, p. 222). Nesse conceito, Freud se aproxima de uma perspectiva no qual esse direciona a libido do sujeito para que possa ser satisfeita a algo externo a ele, uma exigência que se situa no lugar de lei.

Essa fase de transição – embora não havendo abandono do primeiro momento – o sujeito é submetido a exigências impostas a partir da linguagem do mundo. A função maternal interrompe a lógica de simbiose, permitindo que o sujeito possa identificar que o seu lugar de "His Majesty the Baby" (Freud, 1914, 2004, p. 110) não se faz mais como um lugar conciso. Essa é a primeira ferida narcísica com a qual o sujeito se depara. A construção posterior vem de uma reconquista desse amor, que só é possível pelas exigências do trabalho de cultura do Ideal do Eu.

Dessa maneira, o Eu Ideal e o Ideal do Eu são diferenciados pela seguinte caracterização: enquanto o primeiro é da ordem do imaginário, o segundo é da ordem do simbólico (Lacan, 1953-54). O caráter simbólico, ou seja, externo do Ideal do Eu, se dá pelo desenvolvimento do Eu, causando assim um afastamento do narcisismo primário. Ainda assim, mesmo com essa distanciação, há também uma tentativa de restabelecer um reencontro com esse narcisismo primário, isto é, forma de recuperar o amor e a perfeição dessa fase primeva.

Por conseguinte, para caminhar nesse sentido de retorno, é necessário passar pelo Ideal do Eu. Isso quer dizer que o outro era, no narcisismo primário, si mesmo, e só a partir do Ideal do Eu poderia experimentar a si mesmo através de um outro. Logo, nossa resposta diante da pergunta "*por que um sujeito deixa o narcisismo primário?*" é a seguinte: o Ideal do Eu é responsável pelo sujeito deixar o narcisismo primário, permitindo que esse sujeito busque o seu amor primitivo em seu investimento no objeto de amor. A formação de um ideal que o sujeito busca na cultura produz aumento das exigências em relação ao Eu, e Freud pressupõe esse papel desempenhado pela *consciência moral*. Freud (1914/2004, p. 113) apresenta, de forma indireta, o Supereu a partir da conceituação de Ideal do Eu e dessa ideia de *consciência moral*, dizendo: "Não seria de admirar se encontrássemos uma instância psíquica especial que, atuando a partir do ideal-do-Eu, se incumbisse da tarefa de zelar pela satisfação narcísica e que, com esse propósito, observasse o Eu atual de maneira ininterrupta, medindo-o por esse ideal".

Segundo Freud, essa *consciência moral*, juntamente com o Ideal do Eu, é constituída em seus primórdios pela influência crítica dos pais, depois por educadores, estendendo-se à sociedade em geral. E mais, "trata-se, portanto, de um processo análogo ao que ocorre quando do surgimento da tendência do recalque, que também parte de uma proibição ou obstáculo inicialmente externo" (Freud, 1914/2004, p. 114).

As vozes do Ideal do Eu conduzem agora a uma neurose e reproduz regressivamente, quer dizer, o sujeito tem um conflito entre o trabalho de cultura e a sua libido. Tal problemática se dá porque há uma tentativa, ainda que em vão, de retomar à experiência narcísica que um dia lhe foi posta. Portanto, Freud diz que a *consciência moral* se apresenta de forma regressiva diante do sujeito, como se fosse uma usurpação agressiva vinda do mundo externo.

O desenvolvimento do Eu é um processo de intenso distanciamento do narcisismo primário, mas produz uma tentativa de retorno desse narcisismo. Esse distanciamento pode ser entendido como um deslocamento da libido para o Ideal do Eu, sabendo que esse fora imposto valendo-se do discurso externo. Podemos acreditar que a libido, após ter sido deslocada, busca sua satisfação com base nos objetos oferecidos por esse ideal.

Ao deslocar sua satisfação do próprio corpo para o mundo externo, a libido adquire uma espécie de empobrecimento do Eu, "em favor desse investimento do ideal-do-Eu e voltará a enriquecer-se tanto pelas satisfações obtidas com os objetos como pela via da realização do ideal" (Freud, 1914/2004, p. 117). No texto "À guisa de introdução ao Narcisismo" (1914/2004), Freud apresenta um termo não muito elaborado ao logo de sua obra, o autoconceito.[50] Esse termo faz alusão a uma "expressão da grandeza do Eu"; entretanto, essa grandeza não é mensurável, uma vez que "interessa saber que tudo o que possuímos ou conseguimos, cada remanescente do sentimento primitivo de onipotência que tenha eventualmente sido corroborado pela nossa experiência, ajuda a incrementar o autoconceito" (Freud, 1914/2004, p. 115).

O autoconceito ajuda em nossa pergunta, já que "o autoconceito parece sempre estar relacionado com o componente narcísico da vida amorosa" (Freud, 1914/2004, p. 116). O autoconceito seria a redução ou a elevação da libido quando investida em um objeto. Dessa forma, podemos elaborar que a dependência por um objeto de amor reduz o autoconceito.

Quando investe sua libido no objeto de amor, na tentativa de retomar seu narcisismo, o sujeito corre o risco de adquirir dependência desse objeto, visto que quem ama sacrifica uma porcentagem do próprio narcisismo, e seu único modo de retomar essa libido é sendo amado. Caso o retorno não ocorra, o extermínio do objeto amado, embora não seja uma saída plausível, propõe uma retomada da libido investida em forma de atuação. É uma tentativa de retomar sua potência diante do seu estado libidinal.

Freud vem dizer que uma das principais fontes do sentimento de impotência é o empobrecimento do Eu, processo resultante de grande carga de investimentos libidinais retirados dele; "portanto, trata-se aqui de danos ocorridos no Eu devido às aspirações de vertentes sexuais que não mais se submetem ao controle" (Freud, 1914/2004, p. 116).

[50] Na Edição Standard brasileira das obras psicológicas completas (2006), a tradução para esse termo é "autoestima".

Percebemos que a relação entre o autoconceito e a libido narcísica é bem estreita. Com isso, o amor aparece como um dos planos dessa relação.

Retornando ao Ideal do Eu, o pai da psicanálise diz que este "conseguiu levar a satisfação libidinal até os objetos sob condições difíceis, pois seu censor excluiu parcelas dessa satisfação por considera-las intoleráveis" (1914/2004, p. 117).

Caminhamos para uma possível compreensão da pergunta que bordeja este livro; no entanto, interessa-nos analisar não apenas os investimentos nos objetos amorosos narcísicos, mas também a perda desses objetos, exatamente a passagem importante que trataremos a seguir.

2.1.3 Luto e melancolia: compreensão do Texto de 1915

Nosso interesse pelo texto "Luto e Melancolia" (1917[1915]/2006) se dá por sua articulação com o narcisismo. Como sabemos, o narcisismo é uma forma de investimento libidinal do Eu; portanto, temos conhecimento que o Eu é constituído em uma relação com o outro, ou seja, há identificação com alguém – o que torna narcisismo e identificação duas formas de funcionamento libidinal parecidas.

Em "À guisa de introdução ao Narcisismo", Freud apresenta dois tipos de escolha de objeto: *escolha narcísica* e por *veiculação sustentada*. Descrevi acima a escolha mais comum feita pelos homens, a da veiculação sustentada. No trabalho de luto, a escolha narcísica é aquela levada em conta, uma vez que o objeto escolhido narcisicamente é uma imagem ou um ideal do próprio sujeito que o escolhe.

No decorrer de "Luto e Melancolia", Freud descreve o processo posterior à perda do objeto amado. Ele diz que o processo de luto é um processo de perda da pessoa amada, perda de abstrações colocadas em seu lugar ou ainda quando um sujeito se depara com a morte de seu ideal. Em seu ponto central, o luto diz respeito a um investimento libidinal feito pelo sujeito em direção ao seu objeto narcísico; porém, esse objeto já não existe mais, acarretando, assim, sofrimento para o sujeito que investe. É interessante saber que o luto, "embora ele implique graves desvios de comportamento normal, nunca nos ocorreria considerá-lo um estado patológico e tampouco encaminharíamos o enlutado ao médico para tratamento" (Freud, 1917[1915]/2006, p. 103).

Apesar de o luto não ser considerado um estado patológico, não devemos ser levianos ao tratamento desses enlutados. No processo posterior à perda de objeto amado, o sujeito não vê mais interesse no mundo externo, só em objetos ou situações que rememorem o objeto perdido. A ausência de investimento no mundo externo impossibilita o sujeito de novos investimentos, logo, de encontrar novos objetos de amor, o que significaria substituir o objeto perdido. "No luto o mundo tornou-se pobre e vazio" (Freud, 1917[1915]/2006, p. 105).

Com base nessa reflexão, Freud propõe o questionamento: *no que se compreende, então, o trabalho de luto*? É possível adquirirmos um adendo a essa pergunta, ao indagarmos *no que se compreende, então, o trabalho de luto e como ele se justifica em termos econômicos*? O trabalho de luto consiste em um apontamento da realidade para o objeto não mais existente, indicando que o sujeito deverá retirar toda a sua libido das relações anteriores mantidas com o objeto falecido. Apesar disso, Freud (1917[1915]/2006, p. 104) adverte que "de modo geral o ser humano nunca abandona de bom grado uma posição libidinal antes ocupada". Ainda que normalmente a realidade vença nessa batalha ante o objeto perdido, a dor causada pela perda do objeto é cerceada por uma inibição do Eu, e esse restringe suas atividades por não estar disposto a substituir o objeto amado-perdido.

Temos conhecimento de que o sujeito busca sempre satisfação na repetição, uma vez que o Eu acredita que tal fórmula de prazer não está correndo perigo. Com isso, no trabalho de luto há um dispêndio de energia muito alto para o campo da realidade, mas também existe, em paralelo, um investimento no objeto morto, o que dificulta o trabalho de luto, "cada uma das lembranças e expectativas que vinculavam a libido ao objeto é trazida à tona e recebe uma nova camada de carga, isto é, de sobreinvestimento". Freud continua: "Em cada um dos vínculos vai se processando então uma paulatina dissolução dos lações de libido" (Freud, 1917[1915] /2006, p. 103-04). Esse momento é a inibição do Eu.

Ao investir em novos objetos após a morte do objeto amado, o Eu acredita que esse investimento poderia representar um "abandono" do objeto amado-perdido. Por isso, ele o faz pouco a pouco, como forma de prorrogar a existência do objeto.

As características do enlutado é desinteresse pelo mundo externo e sua dificuldade em novas investidas libidinais, ou seja, a incapacidade de investir em novos objetos. A melancolia conceituada por Freud partilha dessas mesmas características, porém, há uma distinção: a depreciação do sentimento-de-si, refletida em um empobrecimento do Eu.

No caso da melancolia, há uma forma similar ao luto entendida como a perda de objeto. Não obstante, essa perda pode ser de natureza do ideal, indicando que o objeto pode não ter morrido literalmente, mas se perdeu como objeto de amor. Freud relata que o desconhecimento da perda de objeto na melancolia ocorre não de um *quem* ele perdeu, mas ele não sabe dizer *o que se* perdeu com essa perda. A inibição também se apresenta na melancolia, contudo, de forma enigmática, pois "não podemos ver o que estaria absorvendo de tal maneira o doente" (Freud, 1917[1915]/2006, p. 105).

Enquanto no luto o mundo se torna vazio, na melancolia é o próprio Eu que se empobrece, descrevendo a si mesmo de forma recriminatória e com uma punição direcionada a si de forma exacerbada. O brilhantismo de Freud é demonstrado na oportunidade das autoacusações do melancólico, verdadeiramente dirigidas ao objeto morto: "A mulher que aos brados lamenta que seu marido esteja preso, a uma pessoa tão incapaz como ela na verdade está acusando o marido de incapaz" (Freud, 1917[1915]/2006, p. 107). Ao recorrermos à obra original, Freud utiliza a expressão *"Ihre Klagen sind Anklagen"* (Freud, 1917[1915]/1946, p. 434). A jogada de palavras de Freud em alemão poderia ser traduzida como *"suas reclamações são acusações"*, já que *Klagen* é entendida como "queixa", no sentido de "se queixar", enquanto *Anklagen* é um termo jurídico referente ao "prestar queixa contra alguém" (Keller, 2009). O que queremos dizer é que o sujeito, quando faz acusações sobre si mesmo, na verdade está apontando as mesmas acusações ao objeto amado que fora perdido.

Seguindo no texto, Freud faz uma elucidação do processo melancólico:

> Podemos então facilmente reconstruir esse processo. Havia ocorrido uma escolha de objeto, isto é, o enlaçamento da libido a uma determinada pessoa. Entretanto, uma *ofensa real ou decepção* proveniente da pessoa amada causou um estremecimento dessa relação com o objeto. O resultado não foi um processo normal de retirada da libido desse objeto e a seguir seu deslocamento para outro objeto, mas sim algo diverso, que para ocorrer parece exigir a presença de determinadas condições. O que se seguiu foi que o investimento de carga no objeto se mostrou pouco resistente e firme e foi retirado. A libido então liberada, em vez de ser transferida a

> outro objeto, foi recolhida para dentro do Eu. Lá essa libido não foi utilizada para uma função qualquer, e sim para produzir uma *identificação* do Eu com o objeto que tinha sido abandonado. Assim, *a sombra do objeto caiu sobre o Eu*. A partir daí uma instância especial podia julgar esse Eu como se ele fosse um objeto, a saber: o objeto abandonado. Desta forma, a perda do objeto transformou-se em uma perda de aspectos do Eu, e o conflito entre o Eu e a pessoa amada transformou-se num conflito entre a crítica ao Eu e o Eu modificado pela identificação (1917[1915]/2006, p. 108).

Freud compreende esse processo como algo que fora fixado ao objeto de amor. Mas há também um contraponto, ou seja, uma resistência a esse mesmo objeto, descrita por ele como um uma seleção de objeto feita a partir do narcisismo. O sujeito investe uma carga no objeto de forma que exista um regresso ao narcisismo. Com base nessa afirmação, "a identificação narcísica com o objeto torna-se um substituto do investimento amoroso anteriormente depositado, permitindo que não mais seja preciso renunciar à relação amorosa em si" (Freud, 1917[1915]/2006, p. 108-09). Tal identificação narcísica nos mostra que o feminicídio pode ser visto e montado. A partir daí, o sujeito retorna ao seu narcisismo para suportar a perda de objeto que antes investira com tanta força. Na melancolia, a perda de objeto abrange todas as situações nas quais os elementos amor e ódio se inseriram na relação com o objeto.

A identificação com o objeto perdido se dá pela perda de objeto na melancolia, isto é, a libido não se investe mais no objeto perdido, dando espaço para que possa satisfazer-se em novos objetos. Contudo, essa catexia foi recolhida para o Eu, estabelecendo uma identificação com o objeto em questão. Uma vez que o investimento retorna para o Eu como identificação, o Eu passa a ser julgado pela *consciência moral*, como se fosse um objeto abandonado. Em outras palavras, a perda de objeto se torna a perda do Eu, e seu conflito com a pessoa amada é alterado para o conflito entre o Eu e a *consciência moral*.

Garcia-Roza (1995, p. 77) propõe etapas baseadas na obra de Freud sobre a escolha de objeto:

> 1) Houve uma escolha de objeto, isto é, uma ligação da libido a uma pessoa determinada.
> 2) Esse vínculo é abalado por um desprezo por parte da pessoa amada.
> 3) Ao invés de ocorrer uma retirada da libido desse objeto para um outro, aconteceu de a libido ser retirada para o Eu.
> 4) Uma vez retirada para o Eu, a libido serviu para estabelecer uma *identificação* (narcísica) do Eu como objeto abandonado.
> 5) Como consequência, a perda do objeto transformou-se numa perda do Eu.
> 6) O conflito entre o Eu e a pessoa amada transformou-se numa divisão entre o Eu crítico e o Eu alterado pela identificação.

Parece-nos que a identificação com o objeto se torna uma característica unicamente do campo da melancolia, porém, a construção dos conceitos freudianos e seu ensino é uma construção em movimento, continuada, de certo modo, uma antiestrutura. Em "Psicologia das massas e análise do Eu" (1921/2006), no capítulo VII, "Identificação", Freud trata o tema como um ponto crucial em relação ao objeto. Ele diz que a identificação se constitui de forma mais primitiva e original em um laço emocional, com isso, onde "há recalque e os mecanismos do inconsciente são dominantes a escolha de objeto retroaja para a identificação: o Eu assume as características do objeto" (Freud, 1921/2006, p. 116).

Mais tarde, ainda no mesmo texto, Freud (1921/2006, p. 117) apresenta três fontes de identificação: 1) "A identificação constitui a forma original do laço com um objeto; 2) É a forma regressiva, a identificação se torna suplente, ou seja, há uma introjeção do objeto no Eu; 3) Um novo laço emocional com outro objeto".

Freud deixa claro que, "se alguém perdeu um objeto, ou foi obrigado a se desfazer dele, muitas vezes se compensa disto identificando-se com ele e restabelecendo-o novamente no Eu, de modo que, a escolha objetal regride, por assim dizer, à identificação" (1933[1932]/2006, p. 69). Devemos atentar a esse tema que será ainda amplamente debatido na explanação do termo "Supereu".

2.2 Breve construção do Eu na obra freudiana

A construção do Eu na obra freudiana é extensa. Por isso vamos dissertar brevemente, trazendo conceitos e elaborações teóricas que demandam uma atenção especial, como: a origem da civilização, baseada na obra *Totem e Tabu* (1913[1912-1913]/2006), e a composição de uma lógica social e individual utilizando a base do complexo de Édipo. Não podemos deixar de esclarecer as instâncias psíquicas da segunda tópica freudiana, o Eu, o Isso e o Supereu. Por fim, neste capítulo faremos uma síntese sistemática do aparelho psíquico, passando pelas elaborações feitas nos capítulos 2 e 3 deste livro.

Em razão de este livro perpassar exaustivamente pela metapsicologia, é válido esclarecermos o Eu na obra de Freud, tendo por base as três características, quais sejam: visão econômica, tópica e dinâmica.

Do ponto de vista *econômico*, o Eu surge fazendo uma ligação entre os processos psíquicos, sendo eles o Isso e o Supereu. Ao trazer um pensamento sob as operações defensivas, sua tentativa de ligação das energias pulsionais é impedida, já que o Eu assume uma perspectiva compulsiva e repetitiva.

No aspecto *tópico,* o Eu se estabelece sob uma relação de dependência com o Isso e o Supereu, sendo que o primeiro exige satisfações, ao passo que o segundo propõe proibições e proteção ao Eu. Embora se localize como um mediador das outras instâncias, o Eu tem pouca autonomia.

Pela concepção do *dinamismo* do Eu, ele representa unicamente o polo defensivo da personalidade neurótica, apresentando mecanismos de defesa que lutam contra a percepção de um afeto desprazeroso.

O conhecimento que temos do Eu é importante para nosso trabalho analítico, mas não ficaremos restritos somente à história que o sujeito nos apresenta. É importante sabermos a herança filogenética estabelecida nesse sujeito.

2.2.1 A civilização e suas origens: breve comentário sobre a obra Totem e Tabu (1913)

Na obra fundamental *Totem e Tabu* (1913[1912-1913]/2006), Freud desenvolve fantástica visão da natureza humana em uma tentativa de aproximação da psicanálise com estudos de outras áreas, como antropologia, filologia, folclore, dentre outras. Este texto se apoia em pesquisas antropológicas para estipular paralelos com as descobertas feitas por Freud, como, por exemplo, o complexo de Édipo. Elementos pertencentes ao complexo de Édipo são expostos em *Totem e Tabu*, a exemplo da proibição do assassinato do pai – ou seu representante – assim como da proibição do incesto.

Não obstante, não seria viável o surgimento de outro complexo de Édipo[51] a cada geração. Ancorado nessa observação, Freud sugere uma hipótese audaciosa. Segundo ele, traços ancestrais que aludem às origens têm influência na constituição desse complexo. Freud acredita que é possível ter conhecimento desses traços arcaicos nos sentimentos ambivalentes que todos os sujeitos experimentam em sua mais tenra infância – o desejo de morte do pai,[52] assim como o sentimento de culpa inconsciente que recai sobre cada um.

Não resta dúvida, para Freud, quanto ao sentimento de culpa ser constituído por um resíduo da falta originária no momento da refeição totêmica, quando os irmãos devoraram o pai. Esse ato canibalesco traz uma concepção trabalhada por Freud várias vezes, a partir da identificação do sujeito com o seu objeto amado-odiado.[53] Para além desse ato canibalesco ancestral como um ponto de identificação, há também a concepção de uma culpa, não somente individual, mas também compartilhada pela organização social, ou seja, a moral coletiva é assegurada desde os tempos primitivos até a moral sexual civilizatória.

Entendemos com Freud[54] que amor e ódio têm caráter pulsional, mas podemos questionar: *de onde vem esse duplo oposto sentimental e pulsional*? Parece possível entrarmos em um campo antropológico para tentarmos responder a tal

[51] Neste capítulo, o tema do complexo de Édipo será descrito com mais afinco, porém, é válido apontar que o complexo de Édipo é a inscrição individual daquilo que é constituinte da lei universal.

[52] É importante declarar que Freud não fala das relações dos sujeitos com a mãe.

[53] Freud faz essa relação da identificação narcísica com o canibalismo em "Totem e Tabu" (1913), "Luto e Melancolia" (1917), "Psicologia das massas e Análise do Eu" (1921) e em "Novas conferências introdutórias sobre a psicanálise" (1933[1932]).

[54] Segundo capítulo, no qual descrevemos os destinos pulsionais.

questão, mesmo que essa área não seja de minha especialidade. Iniciarei essa discussão demonstrando que o interdito é o ponto central da diferença entre o natural e o cultural.

O natural é contínuo e universal, ao passo que o cultural tem como característica a regra, individual e não universal, pertencendo aos costumes. O interdito entre esses dois campos é a proibição do incesto.

Freud, em *Totem e Tabu,* descreve o ato fundador do assassinato do pai – sem narrar o que ocorre antes, apenas o ato. O ponto mais perturbador do texto de Freud é a visão de que a humanidade é concebida a partir de um assassinato, e, com isso, a marca do mal-estar, presença permanente no desejo de assassinar. Não é por acaso que o psicanalista escreve logo em seguida seu texto "*À guisa de introdução ao* narcisismo", com a ideia de descrever como o narcisismo e a agressão surgem.

Uma possível leitura do assassinato do pai em Freud é que, com a morte desse, se funda a possibilidade constante do assassinato e do incesto, aquilo que se tornou tabu,[55] passou, então, a ser desejado. Freud (1913[1912-1913]/2006, p. 50) nos ensina que "a base do tabu é uma ação proibida, para cuja realização existe forte inclinação inconsciente".

O que Freud propõe na obra *Totem e Tabu* é demonstrar algumas semelhanças entre a psicologia dos primitivos e a psicologia dos neuróticos, objeto de estudo da psicanálise. Freud dá o seu ponto de partida pelo totemismo, analisando as tribos aborígenes da Austrália, já que elas são as tribos de "selvagens mais atrasadas e miseráveis". Cada clã adota um nome de seu totem, geralmente utilizado por nomes de animais. O totem é inato, e seu caráter é sempre associado à ascendência envolvida. Onde subsiste um totem, há também

[55] Tabu é um termo polinésio que significa "sagrado" e também "proibido".

uma lei. Freud (1913[1912-1913]/2006, p. 114) relaciona com a proibição "aos membros do mesmo clã totêmico de casar-se ou de ter relações sexuais uns com os outros". Ele nos explica que a descendência da linhagem familiar era feminina, ou seja, se o pai é do clã canguru, e a mãe, do clã da emu, os filhos serão do clã emu, sendo eles meninos ou meninas. Os regulamentos totêmicos determinam que será impossível a um filho dessa união se relacionar sexualmente com sua mãe ou irmã, já que eles são do mesmo clã. Freud, em uma nota de rodapé, descreve o inverso de tal relação. "Por outro lado, em todos os casos que concernem a esta proibição, o pai, que é canguru, é livre de cometer incesto com as filhas, que são emus" (Freud, 1913[1912-1913]/2006), p. 25).

Logo, compreendemos que, se a lógica da linhagem fosse atribuída ao clã do pai, o pai canguru estaria barrado de cometer o incesto com as filhas, uma vez que todos eles seriam do mesmo clã, enquanto o filho ficaria livre para praticar o coito incestuoso com a mãe. Com essa situação, os povos primitivos demonstraram grau particularmente elevado do medo do incesto. Esse temor às contravenções é vinculado a uma série de costumes que têm em seu objetivo afastar a intimidade dos membros do mesmo clã.

O temor do incesto, relacionado ao totem que encontramos nos povos primitivos, está também na vida psíquica dos neuróticos, que compõe um traço infantil, afirma Freud: "A psicanálise nos ensinou que a primeira escolha de objetos para amar feita por um menino é incestuosa e que esses são objetos proibidos: a mãe e a irmã" (1913[1912-1913]/2006), p. 35).

Contudo, a fixação incestuosa do inconsciente é ponto central das neuroses, uma vez que "a relação de uma criança com os pais, dominada como é por desejos incestuosos, como complexo nuclear das neuroses" (Freud,

1913[1912-1913]/2006, p. 35). Tal afirmação causa em todos nós certa angústia e, em alguns, até rejeição e nervosismo, mas o psicanalista expressa que "somos levados a acreditar que essa rejeição é, antes de tudo, um produto da aversão que os seres humanos sentem pelos seus primitivos desejos incestuosos, hoje dominados pelo recalque" (FREUD, 1913[1912-1913]/2006, p. 35).

Freud dá prosseguimento em seu trabalho antropológico e faz uma busca sobre a tradução da palavra "tabu", entendida como relativa ao sagrado e ao proibido. As proibições vinculadas ao tabu não fazem parte de uma relação moral ou religiosa, mas são proibições em si. Ele nos diz:

> Diferem das proibições morais por não se enquadrarem em nenhum sistema que declare de maneira bem geral que certas abstinências devem ser observadas e apresentem motivos para essa necessidade. As proibições dos tabus não têm fundamento e são de origem desconhecida. Embora sejam ininteligíveis para nós, para aqueles que por elas são dominados são aceitas como coisa natural (1913[1912-1913]/2006, p. 37).

Posteriormente, em seu texto *Totem e Tabu*, Freud estabelece uma relação entre povos primitivos e atuais, apresentando os sentimentos de ambivalência amor-ódio. A presença regular de sentimentos de ambivalência nos tabus permite a Freud uma produção mais bem-elaborada de alguns mecanismos do aparelho psíquico. Um exemplo trazido por Freud é quando ele concebe um paralelo entre um sentimento persecutório de um primitivo e o delírio do paranoico. Ambos são fundados pela ambivalência de sentimentos amor-ódio que a criança tem em relação ao próprio pai.

Na relação ao tabu dos mortos, Freud chama a atenção para aqueles que se castigam pela sua sobrevivência após um falecimento, sentindo-se culpados pela morte da pessoa amada – sentimento decorrente de grande ambivalência; "mais uma vez, então, descobrimos que o tabu desenvolveu-se com base numa atitude emocional ambivalente" (Freud, 1913[1912-1913]/2006, p. 74).

Diante desse breve estudo sobre a obra *Totem e Tabu*, podemos questionar: *o que difere um neurótico obsessivo de um primitivo em relação à morte*? Freud é categórico ao fornecer uma possível resposta: "Essa hostilidade, aflitivamente sentida no inconsciente como satisfação de morte, é tratada de forma diferente pelos povos primitivos". Tal forma distinta de tratar a morte pelos primitivos é nomeada de "projeção". Vejamos: "O sobrevivente nega assim que tenha algum dia alimentado quaisquer sentimentos hostis contra o morto querido; em vez disso, é a alma do defunto que os alimenta e procura pô-los em ação durante todo o período de luto" (Freud, 1913[1912-1913]/2006, p. 74).

Não seria viável traçarmos um breve comentário sobre o tabu da morte sem nos atentarmos para o conceito de *consciência moral* tão importante nesta obra. Freud define a *consciência moral* como um julgamento interior que se dá a partir de desejos inconscientes sentidos pelo neurótico. Essa *consciência moral* está ligada ao tabu, cuja violência emerge de um terrível sentimento de culpa. Para Freud, a culpa e o temor da punição apoiam-se no sentimento de ambivalência, tanto na neurose atual quanto na dos povos primitivos.

Evidenciou-se que, no pensamento neurótico, há uma onipotência de pensamentos, assim como nos povos primitivos, nos quais a *supervalorização* de atos psíquicos derrota facilmente a realidade. Essa *supervalorização* do poder que o sujeito oferece ao próprio pensamento é um componente importantíssimo para o narcisismo. Sabemos que essa fase do narcisismo é uma fase de desenvolvimento, na qual as pulsões sexuais já estiveram seu primeiro encontro com um objeto.

Podemos supor que a onipotência de pensamento é considerada uma fase precoce do desenvolvimento da libido a que o sujeito neurótico chegou por uma regressão ou uma fixação patológica, como confirma Freud (1913[1912-1913]/2006, p. 100): "Os resultados psicológicos devem ser os mesmos em ambos os casos, quer o hiperinvestimento libidinal do pensamento seja original, quer tenha sido produzida pela regressão: narcisismo intelectual e onipotência do pensamento".

Freud dá maior embasamento em seu percurso filogenético, ao se apoiar nos escritos de Frazer, nos quais ele diz que o totem era visto, de modo geral, como um ancestral da tribo e que era propagado por uma herança. Nessa perspectiva, Freud reforça a teoria de Darwin, na qual defende que há uma horda primitiva originária, tanto para os homens quanto para os macacos. Com base nessa hipótese, Freud aproxima a fobia infantil do animal totem, já que a fobia costuma existir por um animal. Esse animal é uma representação do pai, quem a criança teme e respeita.[56]

A percepção da ambivalência de sentimentos no caso da fobia infantil e do animal totêmico permite a Freud dar um grande salto em sua teoria, chegando ao conceito de complexo de Édipo:

> Se o animal totêmico é o pai, então as duas principais ordenanças do totemismo, as duas proibições de tabu que constituem seu âmago – não matar o totem e não ter relações sexuais com os dois crimes de Édipo, que matou o pai e casou com a mãe,

[56] Freud (1909/2006) faz uma longa descrição do caso do Pequeno Hans: este teria medo do pai, que foi deslocado para um cavalo.

> assim como os dois desejos primários das crianças, cuja repressão insuficiente ou redespertar formam talvez o núcleo de todas as psiconeuroses (Freud, 1913[1912-1913]/2006, p. 135).

Percorrendo a sua hipótese teórica, Freud aponta que o pai da horda primitiva teria sido morto e devorado pelos filhos do mesmo clã, em um banquete de sacrifício.

> Certo dia, os irmãos que tinham sido expulsos retornaram juntos, mataram e devoraram o pai, colocando assim um fim à horda patriarcal. Unidos, tiveram a coragem de fazê-lo e foram bem-sucedidos no que lhes teria sido impossível fazer individualmente. (Algum avanço cultural, talvez o domínio de uma nova arma, proporcionou-lhes um senso de força superior.) Selvagens canibais como eram, não é preciso dizer que não apenas matavam, mas também devoravam a vítima. O violento pai primevo fora sem dúvida o temido e invejado modelo de cada um do grupo de irmãos: e, pelo ato de devorá-lo, realizavam a identificação com ele, cada um deles adquirindo uma parte de sua força. A refeição totêmica, que é talvez o mais antigo festival da humanidade, seria assim uma repetição, e uma comemoração desse ato memorável e criminoso, que foi o começo de tantas coisas: da organização social, das restrições morais e da religião (Freud, 1913[1912-1913]/2006, p. 145).[57]

Os filhos, dando vasão ao seu ódio, recorrem inconscientemente à sua ambivalência e sentem culpa pelo assassinato, "devido à culpa e ao remorso pelo assassinato do

[57] Freud, em uma nota de rodapé nessa citação, demonstra que sua hipótese vem sendo auxiliada pelos estudos de Atkinson e Darwin.

pai, os filhos criaram primeiro um substituto encarnado na figura do totem e, logo após, na figura de Deus, um pai onipresente e onipotente" (Ceccarelli, Santos, 2017, p. 92). Da figura paterna advinda do assassinato do pai, tornam-se proibidos o assassinato e o incesto. Freud afirma que essa consciência de culpa está presente em nossa herança como uma origem da sociedade moral. A sociedade repousa em uma falta comum, um crime que foi cometido por todos.

A partir do assassinato do pai, o que era proibido com a existência do pai, agora era proibido pelos próprios filhos, "o pai morto tornou-se mais forte do que fora vivo" (Freud, 1913[1912-1913]/2006, p. 146-47). Com a morte, há uma proibição da morte dos animais representados no totem, assim como os filhos renunciaram ao desejo incestuoso com as mulheres. Ou seja, "as conjecturas de Freud acerca do totem nos mostram que, após a morte do pai, a barreira à satisfação pulsional não foi liberada, causando uma intensa interdição" (Ceccarelli, Santos, 2017, p. 92).

As marcas da devastação causada pelo assassinato do pai abriram precedentes para duas proibições: a do parricídio e a do incesto, dois desejos recalcados do complexo de Édipo.

2.2.2 Complexo de Édipo no menino[58]

O complexo de Édipo se dá pelo amor do filho pela mãe e sua hostilidade para com o pai'.[59] Esse é um dos maiores clichês da psicanálise, no que tange à teoria do

[58] Seria importante acrescentarmos aqui a categoria de interesse em compor em nosso escopo a teoria do complexo de Édipo na menina; porém, nosso objeto de estudo se dá unicamente pelo homem.

[59] Chamo a atenção dos leitores para o fato de que, em relação a mãe e pai, não se trata de uma constituição tradicional familiar, mas sim de suas funções maternas e paternas, sejam elas quais forem.

romance familiar como um arranjo pobre, simplista e pueril. O complexo de Édipo ultrapassa quaisquer formações que o situam unicamente no amor e no ódio da criança, direcionado àqueles que fazem a função de cuidado e imposição da lei. A teoria freudiana trata também da fantasia, do desejo inconsciente impossível de ser realizado, isto é, entre o amor e o ódio, há o prazer e o desprazer sexual.

Em sua inocência, a criança considera os pais como o seu primeiro objeto de desejo, introduzindo-os em suas fantasias, repetindo atos sedutores sem nenhuma moralidade adulta. O que as crianças fazem em seu maior âmbito edípico não diz respeito à penetração, mas de um jogo erótico do próprio corpo, direcionado ao corpo do objeto próximo.

A recusa ao prazer corporal se dá por um asco do incesto, fruto de uma herança filogenética. Seu desejo é barrado por uma lei, interditando-o e direcionando esse desejo para outros objetos, os quais procuram sempre um traço do primeiro objeto amado e desejado. A vivência de um momento edipiano nos lança a um lugar de prazer e angústia, dando a esse ser um sentimento de desamparo e abandono, ou seja, uma crise. A crise edípica ocorre pela duplicidade do desejo e da interdição, do prazer e do medo de se permitir seguir nesses impulsos.

O Édipo em Freud é, então, uma experiência vivida por todos que possuem impulso sexual irresistível. Entretanto, refrear esse impulso é uma possibilidade vinda da lei que impede o sujeito de não tomar seus pais como objetos desejosos. Aí está a genialidade de Freud, ao constatar que o complexo de Édipo é, portanto, um estágio em que foi oferecido ao sujeito um par de objetos amorosos e odiosos, que o obrigam a canalizar todo o seu impulso sexual.

Não podemos esquecer que não se trata apenas de uma canalização de impulsos, mas o que será feito deles, quais fantasias serão construídas a partir disso. São essas fantasias que vão seguir e constituir o sujeito e sua forma de se relacionar com o outro, ou seja, podemos dizer que o complexo edípico é aquilo que carregamos por toda a vida.

Diante disso, é possível que façamos um esclarecimento sobre a tradução do texto freudiano que descreve, de forma pontual, o complexo de Édipo – "A dissolução do complexo de Édipo" –, traduzido pela Edição Standard (2006). Faço aqui minha nota de desapontamento com a tradução de um texto tão importante. Já no seu título, temos uma ideia errônea da lógica edípica, uma vez que a palavra "dissolução" traz consigo uma ideia de destruição, extinção, aniquilamento. O título em alemão é *Der Untergang des* Ödipuskomplexes. Embora possa ter em sua tradução a destruição como sentido, a palavra "*Untergang*" também pode ser assimilada como a ideia "naufrágio (Keller, 2009, p. 287). O que Freud propõe em seu ensino é que nenhuma relação objetal com os cuidadores e com aqueles que apresentam a lei é destruída, mas sempre relembrada em forma de fantasia das novas escolhas objetais.

Quero atentar para uma nova tradução possível para o texto, reformulada como *O naufrágio do complexo de Édipo*. Uma vez que "naufrágio" quer dizer que algo não está ali na superfície, mas existe em seu âmbito mais profundo.

Freud (1897/2006, p. 322), em carta à Fliess (Carta 71), declara que há um fenômeno universal na infância, o apaixonar pela mãe e nutrir ódio pelo pai, que ele julgava como um ato particular. O que ele apresenta nessa carta é claramente a abertura do conceito edipiano, ao dizer:

> [...] a paixão pela mãe e o ciúme do pai, e agora considero isso como um evento universal do início da infância, mesmo que não tão precoce como nas crianças que se tornaram histéricas. Sendo assim,

> podemos entender a força avassaladora de *Oedipus Rex*, apesar de todas as objeções levantadas pela razão contra a sua pressuposição do destino; e podemos entender por que os 'dramas do destino' posteriores estavam fadados a fracassar lamentavelmente. Nossos sentimentos opõem-se a qualquer compulsão arbitrária e individual [do destino], tal como é pressuposto em *Die Ahnfrau* [de Grillparzer], etc. Mas a lenda grega capta uma compulsão que toda pessoa reconhece porque sente sua presença dentro de si mesma. Cada pessoa da plateia foi, um dia, em germe ou na fantasia, exatamente um Édipo como esse, e cada qual recua, horrorizada, diante da realização de sonho aqui transposta para a realidade, com toda a carga de recalcamento que separa seu estado infantil do seu estado atual.

Ao escutar suas pacientes histéricas, Freud abandona a teoria do trauma e da sedução, dando maior importância à construção feita pelo sujeito sobre a fantasia. A partir daí, entendemos que não são tão relevantes os fatos e, sim, a realidade psíquica, construção feita pelos desejos do inconsciente e pelas fantasias, sempre vinculadas à sexualidade infantil. Pelo cuidado materno, a criança é introduzida no campo da sexualidade, e, tendo recebido o contato com a função materna, o corpo do bebê tornar-se-á erogeneizado.

Freud (1905/2006) faz uma grande descoberta e coloca em xeque a inocência moralizante sobre o infantil, ao apresentar uma nova concepção do infantil, a sexualidade *perversa-polimorfa*. Atrelado ao conceito de pulsão, Freud descreve um corpo infantil totalmente pulsional, ou seja, um corpo estimulado e completamente desejoso.

Nos "Três ensaios sobre a teoria sexual" (1905/2006), Freud salienta as características da sexualidade infantil, *perversa-polimorfa*. O que ele quer dizer com isso é que as pulsões parciais nascem das zonas erógenas, uma vez que essa energia se apoia nas funções vitais, isto é, a sexualidade infantil é pré-genital, em razão de as pulsões procurarem a satisfação no próprio corpo, autoerótico.

É importante fazer rapidamente uma elaboração das fases pré-genitais trabalhadas por Freud.

Em "Compêndio de psicanálise" (1940[1938-1939]/2015), Freud diz que a primeira zona erógena está na boca: "O primeiro órgão que surge como zona erógena e faz uma exigência libidinosa à psique é, desde o nascimento, a boca" (p. 64). Nessa fase, o prazer está ligado aos alimentos e à ingestão deles, tanto no instinto de nutrição como na excitação da mucosa, dos lábios e da cavidade bucal. Assim, tudo se direciona e gira em torno da boca, uma vez que ela é a identificação para o bebê. Percebemos que a oralidade é a primeira pulsão, o que deixa evidentes as primeiras relações entre mãe e criança. A oralidade revela o primeiro objeto de amor do bebê, respondendo a demanda ao desejo do outro.

A próxima fase é a sádica-anal, na qual a criança começa a ter controle do próprio corpo, vive de forma a reter às fezes e de expulsá-las. Esse ato diz respeito a uma demanda que provem do outro (função materna), uma vez que esse outro demandaria fezes como forma de amor. O "reter" ou o "soltar" as fezes são controles prazerosos, e, com isso, produz-se a relação sádica-anal.

> As crianças que tiram proveito da estimulabilidade erógena da zona anal denunciam-se por reterem as fezes até que sua acumulação provoca violentas contrações musculares e, na passagem pelo ânus, pode exercer uma estimulação intensa na mucosa. Com isso, hão de produzir-se sensações de volúpia ao lado das sensações dolorosas (Freud, 1905/2006, p. 175).

O sadismo-anal, "sua proporção – de pulsões sádicas – é muito maior na segunda fase, que chamamos de sádico-anal, pois nela a satisfação é buscada na agressão e na função excretora" (Freud, 1940[1938-1939]/2015, p. 64). Pode-se pensar que nessa fase há um grande valor simbólico, com suas características associadas a ideias sociais de ordem, limpeza e aversão. Freud salienta que muitas vezes tal função se assemelha ao dinheiro, por ser um produto do sujeito.

> Na realidade, onde quer que tenham predominado ou ainda persistam as formações arcaicas do pensamento – nas antigas civilizações, nos mitos, nos contos de fadas e superstições, no pensamento inconsciente, nos sonhos e nas neuroses – o dinheiro é intimamente relacionado com a sujeira (Freud, 1908/2006, p. 162).

A terceira fase pré-genital é a fálica, sobre a qual Freud dissertou em 1923, em seu artigo "A organização genital infantil". O autor assinala que é a partir dessa organização que se apresenta a libido, sendo o "desfecho final da sexualidade infantil" (p. 157). Essa fase mostra um objeto sexual e uma ligação das pulsões sexuais sobre esse objeto. O que diferencia a organização genital infantil da do adulto é o fato de a criança só reconhecer um órgão genital: o pênis.

> Mesmo não se realizando uma combinação adequada das pulsões parciais sob a primazia dos órgãos genitais, no auge do curso do desenvolvimento da sexualidade infantil, o interesse nos genitais e em sua atividade adquire uma significação dominante, que está pouco aquém da alcançada na maturidade. Ao mesmo tempo, a característica principal dessa 'organização genital infantil' é sua *diferença* da organização genital final do adulto. Ela consiste no

> fato de, para ambos os sexos, entrar em consideração apenas um órgão genital, ou seja, o masculino. O que está presente, portanto, não é uma primazia dos órgãos genitais, mas uma primazia do *falo* (Freud, 1923/2006, p. 158).

Entendemos que muito cedo o menino desenvolve perante a mãe um investimento dirigido ao objeto, sendo o primeiro deles o seio. Isso seria, diz Freud, uma escolha por veiculação sustentada – que trabalhamos no início deste capítulo. Diante do pai, o menino o toma como figura por meio identificatório. Esse romance permanece por algum tempo até que os desejos sexuais do menino pela mãe se intensificam, e, a partir daí, ele descobre que seu pai é um empecilho a esses desejos, constituindo então o complexo de Édipo. A identificação com o pai se torna uma hostilidade, como uma tentativa de substituí-lo à mãe.

Certo momento, o Édipo começa a ruir, com o efeito da ameaça da castração, e o menino terá de desistir do investimento-objeto feito em direção à mãe. Esse rompimento sofrido e doloroso para o menino pode tomar dois caminhos: primeiro, identificando-se com o objeto, ou seja, reconhecido ante a função materna, ou intensificar sua identificação com o pai. O mais costumeiro resultado seria a identificação intensificada pelo pai a ponto de manter por toda a vida a ternura pela mãe. Portanto, a masculinidade no menino é fortalecida ao possível declínio do complexo de Édipo.

Freud (1923/2007) apresenta a tese da bissexualidade e sua relação com o Édipo, trazendo todo o contexto específico da construção da lógica edípica. Ele nos diz que a bissexualidade é constitucionalmente marcada por uma hipótese na qual a sexualidade e a feminilidade não são biológicas, mas posições decorrentes da organização psíquica baseada no complexo de Édipo. Isso quer dizer que todos os humanos possuem características masculinas e femininas. Todavia, a aprovação de uma posição masculina ou feminina é resultante do que se dá na infância pelo caminho edípico.

Cada sujeito tem sua forma subjetiva para chegar às identificações sexuais. No percurso da subjetivação sexual, o gênero, a anatomia ou o corpo possuem um peso, porém, não são determinantes para uma construção sexuada. Freud formula um importante pensamento para o entendimento do complexo de castração e seus efeitos na subjetivação. A primazia dada ao genital, o pênis, é, na verdade, uma primazia do *falo*, isto é, o estado fálico é caracterizado pela ausência da representação feminina no psiquismo, organizando a diferença entre o ter e o não ter o falo.

A antítese dessa elaboração freudiana se manifesta da seguinte maneira: "Um órgão genital masculino e ser castrado" (Freud, 1923/2006, p. 161). Portanto, chamamos de "fase fálica" não aquele sujeito que está entre homem e mulher, pênis ou vagina, masculino ou feminino, mas sim o que está entre o fálico e o castrado.

É em torno da representação psíquica do falo que se organiza o complexo de castração. Freud vai tratar a castração como algo distinto entre o menino e a menina, ao dizer que o menino chega à conclusão de que o pênis não é algo comum em todos. Observando as meninas, porém, ele se depara com o fato de que elas não o possuem e, em primeiro estágio, eles rejeitam essa falta, ou seja, o menino "encobre a contradição entre a observação e a preconcepção dizendo-se que o pênis ainda é pequeno e ficará maior dentro em pouco" (Freud, 1923/2006, p. 159). Por consequência, a falta do pênis na menina é vista como consequência da castração, causando assim angústia e medo no menino – já que existem seres castrados, ele assimila que há possibilidade de ele também o ser.

Entendemos que o objeto de amor do menino é a mãe, ou aquele sujeito que faz tal função. O menino entra no Édipo e, de forma simultânea, começa a manipular seu pênis, dando vasão a suas fantasias direcionadas à mãe. Após o efeito da ameaça de castração feita pela função paterna e da angústia da percepção da ausência de pênis no corpo feminino, esse menino renuncia à tentativa de ter a mãe como objeto. Entretanto, mesmo que tenha renunciado à relação incestuosa, o desejo inconsciente permanece dando escolhas de novos objetos a partir de traços do primeiro objeto de amor.

A angústia de castração fez com que o menino se identificasse com o pai, em virtude das insígnias do poder paterno, o ter o falo. O complexo de Édipo é naufragado na medida em que a angústia de castração se torna o ponto central para que a mãe não esteja mais sendo investida – diretamente – pelo desejo erótico, fazendo com que o menino entre na fase de latência.

Freud afirma que há uma relação entre a organização fálica, o Édipo, a ameaça de castração e a formação do Supereu. É por essa inscrição que podemos dizer que a "destruição" do Édipo se dá pelo interesse narcísico do menino em permanecer com o representante fálico e abrir mão da posse do objeto de amor. Com isso, é importante que tenhamos uma elaboração da construção social do menino posterior ao complexo de Édipo.

2.2.3 A construção social do Eu

Entendemos que o fim do complexo de Édipo se dá pelo complexo de castração. Nossa característica ocorre pela tributação da dinâmica pulsional que se organiza tomando-se por base o complexo de Édipo. Apesar de muito cedo o sujeito se deparar com tal complexo, cada pessoa passa por esse processo de forma privada, ou seja, apesar de ser uma condição universal, compreendemos que o complexo de Édipo se manifesta de forma individual em cada um de nós, como diz Freud:

> Embora a maioria dos seres humanos passe pelo complexo de Édipo como uma experiência individual, ele constitui um fenômeno que é determinado e estabelecido pela hereditariedade e que está fadado a findar de acordo com o programa, o instalar-se a fase seguinte preordenada de desenvolvimento (1924/2006, p. 193).

O medo da criança de perder o órgão genital[60] – de forma simbólica – gera a destruição da fase fálica, possibilitando, portanto, a entrada no período de latência e o fim do Édipo: "É minha opinião ser essa ameaça de castração o que ocasiona a destruição da organização genital fálica da criança" (Freud, 1924/2006, p. 195). Essa ameaça de castração feita pela cultura e pelos pais faz com que o menino ultrapasse o complexo, resultando na construção de seu legado, o Supereu.

A ameaça imposta pelo pai, sendo essa uma referência simbólica, é uma forma de barrar a criança, de permanecer e insistir em um desejo incestuoso que tem pela mãe. O medo de ser castrado fará com que o menino lance mão de seu desejo em prol de sua masculinidade, identificando, então, com a imagem paterna. "Os investimentos de objeto são abandonados e substituídos por identificações" (Freud, 1924/2006, p. 196).

[60] O medo da criança em perder o simbólico fálico se dá pela ameaça feita pelos pais e pela cultura.

Vemos que se a satisfação do desejo infantil custará ao menino o seu pênis, abrindo uma disputa entre os interesses narcísicos e o investimento libidinal, que a sua escolha narcísica triunfará nesse combate, ou melhor, "o Eu volta as costas ao complexo de Édipo" (Freud, 1924/2006, p.196). Esse abandono pelos investimentos libidinais é discutido por Freud como abandono de seu objeto primevo; sua mãe, "a transformação da libido do objeto em libido narcísica, que assim se efetua, obviamente implica um abandono de objetivos sexuais, uma dessexualização". Quando lemos "dessexualização", entendemos que essa é a entrada no período de latência.

Ao interagirmos nosso tema com a lógica freudiana, percebemos que o discurso social – machista, falocêntrico – ameaça a criança a perder o pênis – ou perde o objeto, ou perde o pênis. Com isso, o sujeito responde a esse conflito, ao se identificar com o discurso social opressor. O menino, identificando-se com esse discurso, recalca seus desejos primitivos – no qual retornará em outros momentos –, formando seu Supereu. Tal discurso social perpetua uma ilusão de superioridade daquele que o possui o falo. Isso é demonstrado nos alarmantes números de feminicídio em nossa sociedade, apontando assim, um fortalecimento de quem tem o falo (o homem) colocar aquele que não o tem (a mulher) como um objeto para satisfazer a seu bel-prazer. Caso sinta que o não possuidor do falo quer "arrancar" o que ele tem, ou seja, fazê-lo se deparar com sua castração, ele então toma a violência como recurso para o impedimento.

É plausível que, ao escolher pela proteção fálica, identificando-se ao seu caráter social opressor, haja como resultante a depreciação do gênero oposto, já que esse gênero causa no menino uma repulsa pela falta: a castração inserida no corpo feminino.

Na proposta freudiana, aqueles que não tiverem seu representante fálico ameaçado traçarão um caminho patogênico, uma vez que o caminho do fim do Édipo é o recalcamento – se a ameaça do pai não for apresentada ao sujeito, ele não recalcará o seu desejo e permanecerá em um lugar de objeto. A psicanálise nomeia tal estrutura como *psicose*.

Sabemos que a bissexualidade proposta por Freud vai ao encontro das primeiras identificações, já que a criança se coloca no lugar de seu pai e deseja sua mãe, podendo assim apropriar-se do lugar de mãe e ser amada pelo pai. Portanto, na escolha identificada pela criança, a escolha fálica-paterna, sendo ela uma saída edípica, sucede em uma internalização da moral vigente e da lei, formando o Supereu. A instância supereu-oica surge com alta carga de exigências e imposições feitas em direção ao Eu, não permitindo ao sujeito ter certas possibilidades de satisfação pulsional. O Supereu, ao se deparar insistentemente com a castração, propõe leis e morais fortemente introjetadas e consolidadas, sendo fundamentais para a construção que a cultura chama de "masculinidade". Embora seja importante pontuarmos o que seria a masculinidade a qual nos referimos, podemos dizer apenas que, na lógica psicanalítica freudiana, a masculinidade exibe aquilo que é ativo, ou melhor, aquilo que propõe e dita as regras de nossa sociedade, sendo ela machista, sexista, falocêntrica e opressora.

2.2.4 O Eu e o Isso na obra de Freud - Texto de 1923

A obra *O Eu e o Isso* (1923/2007) é de extrema importância porque Freud demonstra que sua primeira tópica já não é o suficiente para elucidar as questões da subjetividade humana. Com isso, é preciso ampliar essa visão e construir a segunda tópica. Freud propõe uma nova divisão do psiquismo, sendo eles o *Eu [Ich]*, o *Isso [Es]* e o *Supereu [*Über-ich*]*. Freud não sugere uma nova tópica como uma possibilidade de desconsiderar a primeira, mas, ao contrário, de forma que venha trazer outros ângulos para se entender o psiquismo humano.

Ele relata que o Eu, o Isso e o Supereu possuem a qualidade de fazerem parte tanto do inconsciente quanto da consciência. A definição do Eu está presente ao longo de sua obra; porém, em 1923, ele exibe um Eu como uma instância que regula os fenômenos psíquicos, procurando constantemente um equilíbrio entre as exigências do Isso e do Supereu. Os conflitos inconscientes são, então, tensões produzidas por essas três instâncias, causando assim uma influição duradoura sobre a formação da subjetividade. Se, em uma primeira fase da obra de Freud, o processo analítico se dava por tornar consciente derivados do inconsciente, na segunda tópica podemos dizer que seu objetivo é *Wo Es war, soll Ich werden.* – Lá onde Isso estava, Eu deve advir.

Logo no início do texto *O Eu e o Isso*, Freud aborda uma questão interessante para nossa hipótese metapsicológica. Ele considera a noção de um inconsciente em que há dois pontos de vista: o descritivo e o dinâmico. Em relação ao primeiro, descritivo, Freud o coloca como representações psíquicas não presentes na consciência, mas que podem se deslocar até lá sem muito esforço, porque "o termo inconsciente estaria sendo usado no sentido de latente-capaz-de-se-tornar-consciente" (Freud, 1923/2007, p. 29). Já no que tange ao ponto de vista dinâmico, existem representações inconscientes porque foram recalcadas, não podendo tornar-se conscientes pelo fato de existirem forças que se opõem a isso.

Essa fórmula de Freud leva a uma construção mais concisa do pré-consciente. Vejamos:

> Denominamos, então, pré-consciente aquilo que é latente, ou seja, o que é inconsciente no sentido descritivo, portanto, não-dinâmico, e reservamos o termo inconsciente ao recalcado que dinamicamente está inconsciente. Dessa forma, temos agora três termos cujo sentido não é mais meramente descritivo: consciente (Cs), pré-consciente (Pcs) e inconsciente (Ics). Supomos que o Pcs. se encontre bem mais próximo do Cs. do que do Ics. portanto, se nos permitimos chamar o Ics. de psíquico, podemos tranquilamente fazê-lo também com o Pcs. latente (Freud, 1923/2007, p. 30).

Nessa composição, o Eu começa a tomar maior foco pelo fato de ele não ser apenas uma referência ao estado de consciência. Ao perceber que o Eu havia participado das resistências do sujeito, Freud diz que o Eu tem uma parte no sistema inconsciente – em seu sentido dinâmico – e que o trabalho analítico é possível para que possamos tornar conhecimento, não de modo completo, desse Eu inconsciente: "Acabamos de encontrar no próprio Eu algo que também é inconsciente, algo que se comporta exatamente como o recalcado" (Freud, 1923/2007, p. 31). O Eu seria, portanto, "aquela instância psíquica que supervisiona todos os processos parciais que ocorrem na pessoa" (Freud, 1923/2007, p. 31).

Para conseguir suportar a complexidade do Eu com os processos psíquicos, Freud recorre à noção de Isso de Groddeck, na qual este sempre enfatizou aquilo que nomeamos de Eu, "de forma essencialmente passiva e que – conforme a expressão dele – nós somos 'vividos' por forças desconhecidas e incontroláveis" (Freud, 1923/2007, p. 36). O Isso para Freud é, então, o depósito pulsional, "O Eu representa aquilo que podemos chamar de razão e ponderação, ao contrário do Isso, que contém as paixões" (1923/2007, p. 38). O princípio que reina o Isso é o princípio de prazer que toma o lugar do princípio de realidade.

> Chamamos de Isso a mais antiga dessas províncias ou instâncias psíquicas; seu conteúdo é tudo aquilo que é herdado, trazido com seu nascimento, estabelecido constitucionalmente; sobretudo, portanto, as pulsões que aqui encontram uma primeira expressão psíquica cujas formas nos são desconhecidas (FREUD, 1940[1938-1939]/2015, p. 48).

O Eu é aquele mediador entre o Isso e o mundo externo, ele é também:

> Em consequência da relação pré-formada entre a percepção sensorial e a ação muscular, o Eu dispõe dos movimentos voluntários. Ele tem a tarefa da autoconservação; cumpre-a para fora, tomando conhecimento dos estímulos, armazenando experiências sobre eles (na memória), evitando estímulos demasiado intensos (por meio de fuga), confrontando estímulos moderados (por meio de adaptação) e por fim aprendendo a modificar convenientemente o mundo exterior em seu favor (atividade); cumpre-a para dentro em relação ao Isso obtendo o domínio sobre as exigências das pulsões, decidindo se deve admitir a satisfação dessas exigências, adiando tal satisfação para momento e circunstâncias favoráveis no mundo exterior ou reprimindo totalmente suas excitações. Em sua atividade, o Eu é guiado pelas considerações quanto às tensões de estímulo nele existentes ou nele introduzidas. A elevação dessas tensões geralmente é sentida como *desprazer*; sua diminuição, como *prazer*. Mas o que é sentido como prazer e desprazer provavelmente não são os níveis absolutos dessa tensão de estímulo, e sim algo no ritmo de sua modificação. O Eu aspira ao

> prazer e quer evitar o desprazer. Uma intensificação esperada, prevista, do desprazer é respondida com o *sinal de medo*; o motivo dessa intensificação, quer ele ameace de fora ou de dentro, chama-se *perigo*. De tempos em tempos o Eu desfaz sua ligação com o mundo exterior e se retira ao estado de sono, no qual modifica consideravelmente sua organização. Do estado de sono cabe deduzir que essa organização consiste em uma distribuição especial da energia psíquica (Freud, 1940[1938-1939]/2015, p. 49-50).

Ao trabalhar a relação entre o Isso e o Eu, Freud mostra que o Isso é a parte desconhecida do psiquismo, localização inconsciente e responsável por assentar o Eu, que, a partir da percepção, cria o núcleo do Eu. O Eu não está separado do Isso, "há uma zona de transição em que ele se interpenetra com o Isso situado abaixo dele até o ponto que ambos se fundem" (Freud, 1923/2007, p. 37), como demonstra no esquema a seguir.

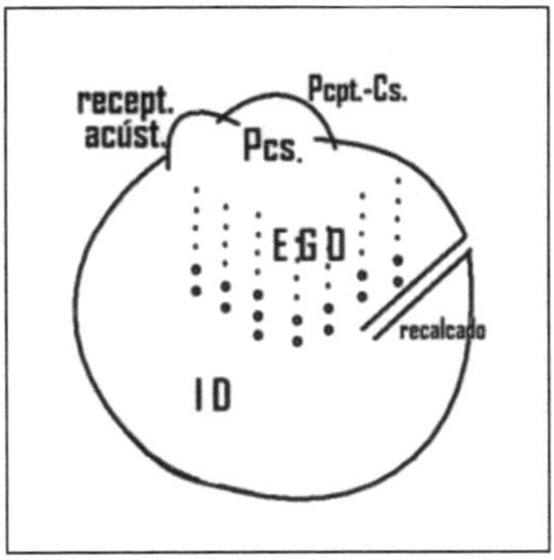

Figura 5 – Aparelho psíquico
Fonte: "Eu e o Isso" (Freud, 1923/2007).

Tomando por base esse esquema, Freud indica que o recalcado se mescla e se constitui com uma parte do Isso e que ele só pode entrar em contato com o Eu se for por intermédio do Isso. Percebemos que o Eu é uma parte do Isso que fora modificada de acordo com as exigências da cultura, e, com esse ato, o Eu se torna mais próximo da superfície e das sensações. O Eu se esforça para a influência do trabalho de cultura fazer valer a pena junto ao Isso, ou seja, o Eu tenta responder às exigências do Isso sem que perca o princípio de realidade.

O Eu tem importância crucial em nosso psiquismo, já que cabe a ele controlar todo o movimento do sujeito. Freud faz uma comparação interessante do Eu com um cavaleiro que deve conter e conduzir o cavalo – Isso – para um caminho que ele quer. Há, porém, uma diferença: o cavaleiro, diz Freud, conduz o cavalo com a própria força; já o Eu conduz o Isso com a força do próprio Isso, ou seja, em alguns momentos, se não quiser se separar de seu cavalo, o cavaleiro precisa se contentar em acompanhar seu cavalo onde ele queira ir, "da mesma forma também o Eu habitualmente converte a vontade do Isso – como se fosse a sua – em atos e ações" (Freud, 1923/2007, p. 38).

Sobre o esquema que Freud apresenta, a recepção acústica se refere ao processo de pensamento. É só por meio da linguagem que chegam os derivados inconscientes, depois de terem sido traduzidos pelos representantes da palavra. Para continuarmos, é viável que se tenha atenção especial à instância psíquica chamada "Supereu".

2.2.5 O Supereu

A origem dessa instância se dá a partir do fim do complexo de Édipo, no qual a interdição do pai impõe ao filho a necessidade de não realizar o seu desejo incestuoso, formando dentro do Eu uma união de exigências morais e de proibições em que o próprio sujeito em sua vida adulta vai se submeter. A autoridade que se insere no Eu é chamada pela psicanálise de "Supereu",[61] como Freud exprime: "O Supereu é o herdeiro do complexo de Édipo e só se instaura depois da liquidação deste" (Freud, 1940[1938-1939]/2015, p. 83).

Do ponto de vista psicanalítico, o Édipo é o período em que os pais instituem ao filho proibições de determinadas satisfações. "A autoridade do pai ou dos pais é introjetada no Eu formando-se o núcleo do Supereu, que se assume a severidade do pai e perpetua a proibição deste contra o incesto" (Freud, 1924/2006, p. 166).

O Supereu é, então, o sinal psíquico e duradouro da solução do principal conflito da criança com os pais, resultando numa oposição entre a lei que interdita e a suposta consumação do incesto. Devemos entender que tal situação edípica não se localiza entre a interdição e o desejo, mas sim entre a lei e a satisfação impensável. A lei não interdita o desejo, já que esse é impossível de ser tocado; não se pode impedir ninguém de desejar, mas essa proibição vem para impedir a consumação do ato. "O Supereu pode fazer valer novas necessidades, mas sua função principal permanece sendo a limitação das satisfações" (Freud, 1940[1938-1939]/2015, p. 53).

Diante desse desenvolvimento breve sobre o Supereu, há uma questão a se propor: *como se forma o Supereu*?

[61] A tradução de Über-ich para Supereu é, de certo modo, errônea. Embora a palavra Über possa ser traduzida por algo que "exprime potencialização ultrapassando a medida comum" (KELLER, 2009, p. 277), isto é, o Supereu, não parece a nós que o ensino freudiano queira dar uma potência que ultrapasse o comum, mas sim algo que sobreponha o Eu. Em sua tradução mais comum, Über também pode ser *sobre*, *acima de*, o que compõe mais fielmente a proposta de Freud (1923/2007). Seria interessante traduzirmos Über-ich por Sobre-Eu, porém decidimos permanecer com o Supereu, já que este está bem fixado nas páginas psicanalíticas.

A partir da ameaça de castração, o menino se submete aos imperativos da proibição, renuncia ao seu desejo, mas isso não quer dizer que seu desejo seja apagado. A submissão do menino à proibição indica que ele é inserido em uma divisão, identificado com a figura paterna que o impede; porém, continua a desejar. Isso quer dizer que a proibição não abala em nada o desejo.

A instância supereu-oica não estabelece sua importância e sua funcionalidade apenas na interdição; este também protege e preserva a vida do sujeito. Tal ponto é, de certa forma, contraditório, visto que ele também se traduz em sua particularidade como um caráter tirano. É possível qualificar o Supereu como consciente e inconsciente, sendo o primeiro moral, tendo uma consciência crítica, capaz de fornecer ao sujeito valores ideais; enquanto o segundo nos mostra sua forma perversa e causadora do caos.

Elaboremos o primeiro tipo. A atividade do Supereu consciente não se estabelece e se personifica por uma proibição do incesto, mas também por uma manifestação crítica influenciada pelo discurso dos pais, ou daquelas pessoas que são autoridades para a criança. O Supereu representa uma porção subjetiva da moral e do trabalho de cultura que esse sujeito possui. Freud diz que, por via da identificação da função paterna, o Eu é julgado e protegido, da mesma forma que o pai.

> Essa nova instância psíquica dá prosseguimento às funções que aquelas pessoas do mundo exterior tinham desempenhado; ela observa o Eu, lhe dá ordens, julga-o e ameaça-o com castigos exatamente assim como os pais, cujo lugar ocupou. Chamamos essa instância de *supereu* e a sentimos em suas funções julgadoras como nossa consciência moral (Freud, 1940[1938-1939]/2015, p. 166).

A função do Supereu, às vezes, ultrapassa a lógica identificatória dos pais e pune o Eu de maneira que os próprios pais não o fizeram. Ao contrário desse Supereu, que, apesar de punir e julgar, também protege. Ainda, o Supereu pode ser perverso. "O Isso é totalmente amoral, o Eu se esforça por ser moral, e o Supereu pode tornar-se supermoral e tornar-se então tão cruel quanto somente o Isso consegue ser" (Freud, 1923/2006, p. 66).

O Supereu tirânico ordena ao Eu que possa obedecê-lo de forma que tal ato resulte em uma destruição do próprio Eu. Ao passo que o Supereu excede o julgamento, e a moral, em seu tom perverso, apresenta-se ao Eu não somente como força que vem do mundo externo, mas como uma forma interna, como parceiro do Isso, instigando o Eu a descumprir a proibição e a se satisfazer ao máximo. "Enquanto o Eu é, em essência, o representante do mundo externo e da realidade, o Supereu contrapõe-se a ele como advogado do mundo interno e do Isso" (Freud, 1923/2007, p. 46).

Cercado pela pressão que faz o Supereu, o Eu, em certos episódios, chega a praticar ações resultantes de violência contra ele mesmo e/ou contra o mundo, como o ato homicida e o suicídio. O sujeito que comete o crime de homicídio responde à severa pressão e imposição do Supereu, e "o que está influenciando agora o Supereu é, por assim dizer, uma cultura pura da pulsão de morte e, de fato, ela com bastante frequência obtêm êxito em impulsionar o Eu à morte, se aquele não afastar o seu tirano a tempo" (Freud, 1923/2006, p. 67).

CAPÍTULO 3

Algumas hipóteses para a compreensão do feminicídio

Devemos compreender os conceitos cruciais da psicanálise freudiana para que possamos elaborar as hipóteses de resposta de nosso objetivo, *entender a dinâmica psíquica que sustenta os fatores presentes no homem ao cometer um feminicídio.*

Neste último capítulo, apresento algumas hipóteses para responder a algumas questões, sendo elas: 1) O dinamismo pulsional e o retorno ao objeto perdido; 2) A ferida narcísica e o assassinato do próprio Eu; 3) Que culpa tem o amor?

Passando por esses caminhos difíceis, partiremos de uma síntese de nosso esquema metapsicológico, retirado da Carta 52 de Freud (1896/2006), elucidando as formas psíquicas do sujeito neurótico. Posteriormente, faremos uma descrição de nova hipótese sobre a violência, pensada também com base na metapsicologia freudiana.

3.1 Definição geral da metapsicologia: uma síntese

Para fazer um apanhado dos escritos nos capítulos anteriores, é necessário descrever de forma resumida cada conceito a ser utilizado, perpassando pelas construções feitas por Freud.

O inconsciente (*Unbewusste*) não era novidade na época de Freud; porém, a inovação trazida pelo pai da psicanálise diz respeito a um inconsciente dinâmico e descritivo, algo que possa ser estruturado[62] e passível de compreensão. O inconsciente não é um lugar de mistérios; ao contrário, podemos observá-lo como uma superfície que se manifesta na vida cotidiana a todo instante. Em sua máxima característica, o inconsciente freudiano é ação, detendo sempre a última palavra.

O inconsciente não se trata de um lugar associado a uma espécie de depósito de armazenamentos mentais. E, sim, como Freud nos diz na Carta 52, o campo do inconsciente está atrelado às lembranças conceituais. Em outras possíveis características do inconsciente, o mesmo não opera com a temporalidade, quer dizer, ele é atemporal. Nesse sistema psíquico, o modo de funcionamento do inconsciente, os chamados "processos primários" são identificados em dois princípios: *deslocamento* e *condensação*. Freud, em sua primeira tópica, utiliza o inconsciente como um sistema que se comunica com outro sistema denominado de "pré-consciência" — que, por sua vez, está ligada às representações verbais correspondentes ao nosso Eu, reconhecido como tal. Os investimentos provenientes da pré-consciência tornam-se conscientes, de acordo com associações e negativações entre os outros sistemas.

Utilizaremos nosso esquema para facilitar a compreensão do funcionamento do aparelho.

[62] A palavra "estruturado" não traz uma ideia de uma estrutura como Lacan propôs para a psicanálise, mas sim como algo constituído.

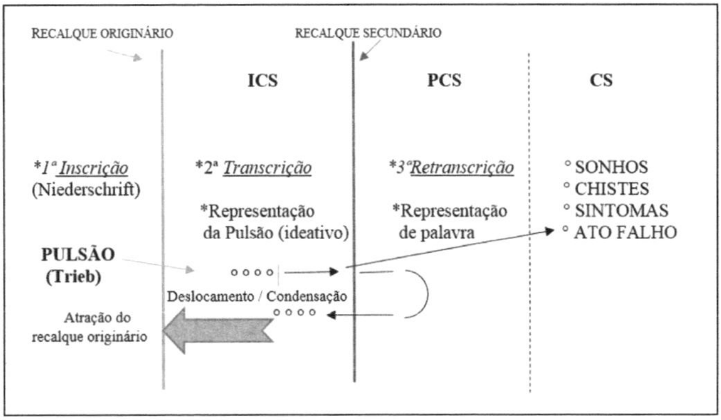

Figura 6 – Aparelho psíquico

Sabemos que a pulsão é uma força constante; todavia, não é a própria pulsão que se apresenta no inconsciente, mas sua representação (Freud, 1915/2006). A pulsão é uma energia que circula entre o anímico e o somático, logo, não há um local específico no qual ela esteja presente. O processo psíquico, sendo ele um mecanismo de tensões, apresenta-se com a primeira inscrição (*Niederschrift*). Os primeiros registros são articulados de acordo com as associações por simultaneidade, tendo em vista que nunca serão acessíveis à consciência. Essas primeiras inscrições têm um trabalho de tradução no inconsciente, permitindo que tal mecanismo de tensão produza não só saber, mas também equívocos e traços. Esses traços se articulam não por simples associações, mas sob os princípios de *deslocamento* e *condensação*. Lembrando que *deslocamento* e *condensação* são princípios semelhantes aos da linguagem. Esse trabalho de tradução, ou de uma 2ª transcrição, é um espaço franqueado, porém, nunca preenchido. Dessa forma, fica instaurada, então, uma falta. Uma falta constitutiva ao sujeito neurótico. De tempos em tempos, esses traços inscritos no inconsciente sofrem uma reorganização, uma retranscrição (*Umschrift*).

Nesse momento, é possível apontarmos que a representação pulsional utiliza da força de investimento do inconsciente para que chegue até a consciência e tenha sua descarga apaziguada. Tal função ocorre por meio de alguns trabalhos feitos pela pré-consciência. Caso o pré-consciente não faça seu investimento nesse representante pulsional, nada dele saberemos, a não ser que o representante pulsional se apresente de forma enigmática nos sonhos, nos atos falhos, nos chistes e sintomas, demandando, assim, interpretação junto ao analista.

O processo de representação tem em sua função a satisfação, entretanto, encontramos no meio do caminho o recalque secundário. No processo de recalcamento, uma representação investida pulsionalmente e pertencente ao inconsciente procura satisfazer-se na consciência. Ao procurar a passagem do sistema inconsciente para a pré-consciência, encontra uma barreira, sendo bloqueada ou enviada novamente para o inconsciente. O processo de insatisfação da representação pulsional se dá por um não investimento por parte da pré-consciência e um reinvestimento do inconsciente. Contudo, a repulsa feita pela pré-consciência dá a atração exercida pelo inconsciente. Essa atração é tarefa do recalque originário, que propõe um retorno dessa representação, em uma tentativa que esse se torne escravo da fixação, isto é, permaneça fixado em um único objeto satisfatório. O mecanismo único do recalque originário é o contrainvestimento, que joga com a energia vinda da fonte pulsional.

O funcionamento do recalque sucede por sua possibilidade de retirar da pré-consciência o investimento que faz na representação. Ao entrar no campo da pré-consciência, a representação procura ser investida de palavra – representante de palavra – para que possa ser realizada no consciente, ou seja, da palavra à representação da ideia (ou pulsional), o importante é investir uma palavra nessa imagem acústica.

Com isso, a representação ganhará um lugar na consciência, podendo ser tratada.

É possível entendermos esse esquema de melhor maneira. Uma representação de ideia é investida pelo inconsciente a fim de que possa satisfazer a pressão pulsional. Com isso, ela pode – ou não – ultrapassar a pré-consciência, já que o recalque secundário é quem decidirá se esse ato será possível de ser realizado. Caso ele ultrapasse o recalque, e este permita que a pré-consciência invista nessa representação, encontraremos outra barreira, isto é, a repressão. A repressão é uma função cultural no nosso psiquismo, que dificilmente permite que representações desprazerosas se desloquem para a consciência. O recalque, por ser um mecanismo inconsciente, consegue admitir aquilo que causará desprazer seguido de prazer; já a repressão barra tudo aquilo que foge à constituição cultural do sujeito.

Uma representação que transponha todos os sistemas, sendo investida por tais, não ultrapassa a repressão — realiza--se em um sintoma, recorrendo da repetição para se satisfazer. Entendendo esses feitos na primeira tópica, avançaremos em uma segunda tópica, introduzindo o Isso, o Eu e o Supereu.

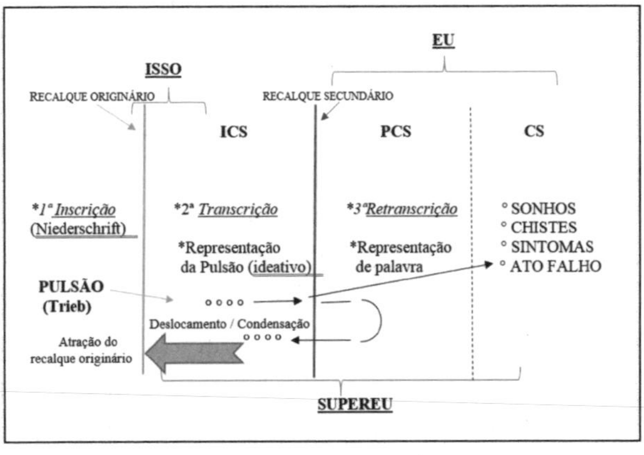

Figura 7 – Aparelho psíquico

O Isso é a mais antiga instância psíquica, no qual seu conteúdo é o campo do que é recebido desde o nascimento, envolvendo-se a partir de sua constituição. O Isso é uma instância ingênua, uma vez que nada sabe sobre o mundo externo. Uma das características do Isso é o habitar da pulsão proveniente de organizações físicas, quando encontram a primeira expressão psíquica.

O Eu tem a função de conservar o próprio sujeito, conhecendo os estímulos internos e externos, evitando-os quando intensos e com elevadas cargas de tensão e adaptando o meio externo ao seu favor. Em sua relação ao Isso, o Eu controla as exigências pulsionais, permitindo sua satisfação, guardando-a para uma ocasião mais oportuna, ou reprimindo-as de forma incisiva. O Eu é guiado por conclusões sobre as tensões de estímulos, sendo que a elevação das tensões é chamada de *desprazer*, e as baixas tensões, por seu turno, de *prazer*. Freud nos ensina que não são os níveis da tensão que são sentidos como prazer ou desprazer propriamente ditos, mas a relação do Eu com tais sensações, pois o Eu busca o prazer, evitando o desprazer.

O Supereu, por sua vez, propaga-se a partir do desenvolvimento humano em relação de dependência com os pais do sujeito, constituindo a moralidade e a punição desse. O que é sabido sobre o Supereu é que, em seu estatuto, ele se inicia do ponto inconsciente, estabelecendo relação direta com o Isso, tornando-o perverso. Essa revelação destinada ao Supereu sucede porque o Isso não reconhece nenhuma norma e tem caráter mais inocente, exceto quando encontra a castração, reagindo de maneira violenta. Entretanto, o Supereu se constitui de forma parecida, fazendo exigências. O que diferencia o Isso do Supereu é que este último possui conhecimento da moralidade.

Assim, o Eu é determinado por suas vivências atuais, diferentemente do Isso e do Supereu, que são influenciados pelo passado. O Isso se caracteriza por aquilo que lhe foi herdado em sua constituição, enquanto o Supereu, em sua essência, é caracterizado por situações tomadas pelo outro.

Diante dessas referências, a função do Eu é responder de forma satisfatória às exigências feitas pelos Isso e pelo Supereu, contando com o princípio de realidade. As exigências inocentes do Isso para satisfazer os representantes pulsionais podem ser barradas pelo Eu por serem culturalmente equivocadas, ao passo que o Supereu pressiona o Eu contra a parede em um pedido para satisfazer suas exigências inconscientes e responder às exigências morais, causando assim a culpa.

Após essa breve síntese do aparelho psíquico, seguimos em nossa primeira hipótese sobre como a violência pode ser entendida no processo psíquico.

3.2 O retorno da agressão e a simbolização da violência: uma perspectiva metapsicológica

Buscando começar a construção de uma violência tratada de forma metapsicológica, urge descrever a energia que circula em nosso corpo, a pulsão. Em "Análise de uma fobia em um menino de cinco anos"[63] (1909/2006), Freud nos leva a entender que a agressão é um "atributo universal e indispensável de todas as pulsões" (p. 145), confirmando que o conceito de pulsão está atrelado à concepção de agressividade.

Em 1914, com o início da Primeira Guerra Mundial, Freud (1915a/2006) escreve um belo ensaio, "Reflexões para os tempos de guerra e morte". Sem dúvida, podemos perceber que ali estão as coordenadas da violência gerada pela agressividade — que, para ele, é inata, considerando que

[63] Tal texto é conhecido como *O pequeno Hans*.

não há uma herança do bem ou do mal[64] guardada em nosso inconsciente, uma herança filogenética, como demonstrado no trecho a seguir.

> Na realidade, não existe essa 'erradicação' do mal. A pesquisa psicológica – ou, falando mais rigorosamente, psicanalítica – revela, ao contrário, que a essência mais profunda da natureza humana consiste em pulsões de natureza elementar, semelhantes em todos os homens e que visam à satisfação de certas necessidades primevas. Em si mesmo, essas pulsões não são nem bons nem maus. Classificamos essas pulsões, bem como suas expressões, dessa maneira, segundo sua relação com as *necessidades* e *exigências* da comunidade humana. Deve-se admitir que todas as pulsões que a sociedade condena como maus – tomemos como representativos os egoísticos e cruéis – são de natureza primitiva (Freud, 1915a/2006, p. 291).

Freud mostra que há em todos nós um par de opostos. Por exemplo, a existência no sujeito de manifestações tanto de amor quanto de ódio. O pai da psicanálise diz que as pulsões sexuais, em razão do trabalho e de influências da cultura, são transformadas para que tenham utilidade à civilização: "Aprendemos a valorizar o fato de sermos amados como uma vantagem em função da qual estamos dispostos a sacrificar outras vantagens" (Freud, 1915a/2006, p. 291-92).

A civilização se constrói, segundo Freud, a partir da repressão da agressividade do sujeito, isto é, a civilização se dá com base na renúncia de satisfações pulsionais de cada um; "o ser humano está sujeito não só à pressão de seu ambiente cultural imediato, mas também à influência da

[64] Entendemos como *mal* aquilo que perde o amor

história cultural de seus ancestrais" (Freud, 1915a/2006, p. 292). É importante notarmos que a civilização exige de cada um de nós a obediência do que é posto como norma, excluindo parte do que estaria somente a serviço do prazer individual do sujeito. Nesse sentido, a civilização apresenta um padrão moral rigoroso e tenta forçar os seus membros a buscar destinos pulsionais de acordo com o padrão moral vigente. Com isso, há constante repressão da pulsão, e a tensão, resultado desse movimento, trai-se nos fenômenos de reação e compensação. Na questão sexual, o resultado se manifesta pelos fenômenos reativos e por neuroses.

Não podemos esquecer que antes, em 1908, Freud havia escrito "Moral sexual civilizada e doença nervosa moderna", obra em que o autor fixa seu pensamento nas diferenças entre a civilização e a vida constitutiva pulsional. Para Ceccarelli e Santos (2010, p. 26):

> Freud nos apresenta um confronto entre a 'moral sexual natural' e a 'moral sexual civilizada'. Por 'moral sexual natural', devemos compreender um conjunto de normas que, embora limitem a sexualidade, o desejo e o prazer, permitem, todavia, ao homem conservar sua saúde e sua eficiência na vida extremamente exigente e que, de maneira tirânica, obriga aos homens à privação sexual tendo em vista integrá-lo ao sistema de uma intensa produtividade cultural. Para Freud (1908/1976), entretanto, esta moralidade, elevada ao grau de uma tirania, exige imensos sacrifícios aos homens e o excesso de moralismo colocaria em risco a própria civilização.

Esse conflito entre a moral natural e a civilizada induz que existe uma "falta de amor à verdade, à honestidade e à humanidade" (Ceccarelli; Santos, 2010, p. 27), uma vez que a diferenciação civilizatória entre os gêneros permite que as transgressões masculinas tenham sua punição e sejam menos rigorosas.

Em termos teóricos da nossa transmissão da metapsicologia, o sujeito que experimenta sua sexualidade só será permitido após avaliação da repressão (*Unterdrückung*), princípio que dita os valores e a moralidade coletiva. Essa renúncia permite ao sujeito tornar-se agressivo, já que existe uma onipotência entre seus desejos e a não realização deles graças às exigências civilizatórias.

Aprendemos que a agressividade é algo inato ao sujeito, e ela repousa sobre a repressão. A agressão é um ato do qual o sujeito em várias ocasiões não consegue sustentar — porém, sua satisfação é rápida e apaziguadora. O que temos aqui de inovador é o que chamamos de "violência". *Como se dá a* violência? Tal pergunta pode ser respondida da seguinte forma.

Como sabemos, o processo civilizatório é um processo simbólico, é o processo que barra nossas pulsões e nos permite viver em sociedade. Com isso, quando entra no processo simbólico e não respeita o processo civilizatório, a agressão se apresenta como uma violência.

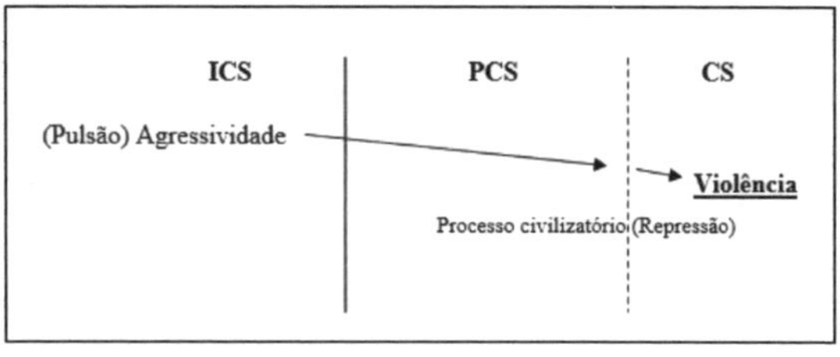

Figura 8 – Violência a partir do aparelho psíquico

A pulsão deveria ter sido recalcada; porém, caso ela ultrapasse o recalque, precisaria minimamente ser barrada pelo trabalho civilizatório. Entretanto, quando entra no trabalho de cultura, a agressividade[65] tem contato com a linguagem e se torna violência. O processo civilizatório, a constituição do sujeito e sua linguagem são os responsáveis por nomear a violência. Os animais selvagens não possuem um trabalho simbólico, logo, sua agressividade é instintiva e biológica.

Para tanto, aproximaremos agora do nosso tema. O feminicídio é um ponto de rejeição e afronta o narcisismo masculino. Contudo, esse não suporta essa ferida, "um NÃO que a mulher me dá, não é pra mim". Essa negação é o simbólico dando espaço para que o sujeito possa cometer a sua agressão. E, como ele nomeia, põe linguagem ao ato agressivo, ele consequentemente comete uma violência.

3.3 Ferida narcísica e assassinato do próprio Eu

Tomo aqui a ideia de um feminicídio a partir de uma ferida narcísica. O narcisismo é uma característica universal à constituição do ser humano. Com isso, entendemos por intermédio de Freud que todo narcisismo é o direcionamento da libido no objeto, em uma tentativa de suprir a falta do próprio sujeito. Entretanto, esse investimento não faz do indivíduo que investiu um sujeito,[66] mas, sim, também um objeto. Aprendemos que o sujeito investe no objeto, e o retorno desse investimento libidinal coloca o Eu como o próprio objeto – "Eu me dou a você como objeto para me completar, para me sustentar na minha falta primordial", como diz Freud (1914/2004, p. 41). E mais: "Veja, você também pode me amar, sou tão parecido com o objeto".

[65] Posso apostar que há um avesso; um sujeito que detém um horror à agressividade indica uma formação reativa.

[66] Sujeito aqui tomado como conceito psicanalítico.

Freud mostra que o processo de agressão é natural ao ser humano e que esse processo se torna violência quando a energia pulsional não foi refreada pelo recalque nem reprimida pelo processo civilizatório, ou seja, pela repressão. Dessa forma, podemos entender que as energias agressivas e o narcisismo são processos inerentes ao sujeito. Assim, este livro permite demonstrar que o feminicídio possui relação muito íntima com o narcisismo, já que este último é pontualmente uma das causas de um sujeito atuar criminalmente contra o outro, tirando a sua vida.

A ferida narcísica que um sujeito sofre diante da perda do seu objeto permite que ele faça barbaridades. Freud nos diz que "o estado de paixão consiste em um transbordamento da libido sobre o objeto. Este estado tem o poder de suspender recalques e de restaurar perversões" (1914/2004, p. 118). O transbordamento da libido sobre o objeto deixa o sujeito sem a lógica da razão, ou melhor, permite que o sujeito faça coisas que jamais faria se estivesse sóbrio desse enamoramento. Nesse estado em que a pulsão ultrapassa os recalques, isto é, o recalque primário não faz seu movimento de contrainvestimento, nem mesmo o recalque secundário impede que a pré-consciência evite investimentos no representante pulsional. Isso indica que o sujeito usufrui de uma única força pulsional, podendo acarretar grandes tragédias. Não é somente a suspensão dos recalques que nos preocupa, mas também a restauração da perversão, quer dizer, o retorno das perversões ao estado infantil, porém, atualizadas no adulto.

O que diferencia o estado perverso na infância e na vida adulta é que, no primeiro caso, a criança é um sujeito perverso e polimorfo – não há ali um objeto puramente investido, mas, sim, o próprio corpo como fonte geral de seu prazer. Entretanto, no adulto a situação é um pouco diferente. A perversão é tomada por um ponto de fixação, e o sujeito se fixa em um objeto acreditando que ali haverá uma repetição de sua etapa simbiótica infantil.[67] A fixação no adulto busca uma completude, e a separação se torna intolerável.

Quando faz seu investimento no objeto, o sujeito está sempre referenciando as situações de amor que tivera na infância, permitindo que a *completude* seja colocada em jogo. A intolerância da separação se torna perigosa, uma vez que a lógica da separação fere o narcisismo e leva o sujeito a dizer inconscientemente 'não é possível que ela não me queira, pois sou tudo que ela precisa'. Essa afirmação é, na verdade, uma aversão, ou seja, diz sobre o ato de colocar o Eu no lugar do objeto e afirmar que o outro precisa do sujeito, e não que é ele quem precisa do outro.

O estado de paixão leva o sujeito ao retorno às perversões, isto porque o sujeito "eleva o objeto sexual à categoria de ideal sexual. Contudo, podemos afirmar que a paixão se baseia nas condições de amor vigentes na infância" (Freud, 1914/2004, p. 118). Ou seja, tudo aquilo que puder ser realizado no estado infantil de amor será sempre idealizado. O ideal sexual se torna algo intocável, "onde houver obstáculos reais à satisfação narcísica, o ideal sexual poderá ser utilizado como satisfação substitutiva[68]" (Freud, 1914/2004, p. 118). É possível entender que o objeto sexual é um objeto no qual depositamos a possibilidade de um apaziguamento de nossas tensões psíquicas, é um *amódio* que temos desse objeto. O amódio se instala quando o sujeito percebe que tal objeto

[67] Momento da ruptura com seu primeiro objeto de amor, aquela pessoa que faz a função materna.

[68] Esta satisfação substitutiva será descrito mais detalhadamente ainda neste capítulo.

sexual pode romper-se com ele, quer dizer que, o objeto pode não dar mais satisfações psíquicas.

Freud diz que toda escolha de objeto é narcísica: "Amaremos aquilo que fomos e deixamos de ser ou aquilo que possui qualidades que nunca teremos. Uma forma paralela a anterior seria: será amado aquilo que possui uma qualidade que falta ao Eu para chegar ao ideal" (1914/2004, p. 118). É perceptível que as relações amorosas são sempre narcísicas, permitindo que cada um invista em seu estado de completude, "invisto naquele que tem o que o meu Eu não tem". Nessa escolha neurótica, por causa dos seus excessivos investimentos objetais, o Eu fica totalmente empobrecido, sem condições de realizar seu Ideal-de-Eu.

O neurótico fará, mediante a sua escolha narcísica de parceria, uma escolha de um ideal sexual, ainda que esse ideal possua qualidades que jamais serão alcançadas pelo neurótico. No momento em que esse outro rompe com a relação, o Eu do sujeito que investiu nessa relação percebe seu lugar de objeto e não suporta esse rompimento, pois seu narcisismo está sendo golpeado, atuando de forma contrária, dentro de um contexto em que o outro precisa de mim e, em momento de pura euforia narcísica, pode atuar.

A cultura em que vivemos, machista, dá ao homem uma possibilidade de exacerbação de seu narcisismo a partir da supervalorização do objeto sexual, colocando-o como um objeto existente unicamente a seu prazer. Freud constrói que o homem tem maior possibilidade de escolher por veiculação sustentada, ou seja, escolher por uma mulher que nutre e um homem que o protege. Nutrir, se entendo bem sua ideia gramatical, é aquilo que alimenta, que alenta, instrui, conserva, isto é, ser amparado por alguém que satisfaz, que produz algo em meu nome. A nossa cultura faz isso, nutre o homem de narcisismo, de potenciais que ele de fato não tem.

A sociedade machista não desenvolve o *status* de castrado do homem neurótico, a angústia[69] não tem lugar. O machismo é um mecanismo utilizado como um anteparo para a angústia, quer dizer, um homem quando se vê em uma situação de angústia, de impotência a partir do desejo do outro – tomando o ponto central deste livro – ataca com o respaldo da proteção da cultura. Um homem é constituído para não escutar os desejos da mulher, e sim as próprias vontades. O estado de bem-estar de uma mulher precisa ser respeitado; porém, o que nos chama a atenção é que apenas o desejo do homem vem sendo respeitado. O homem respeita suas vontades, no sentido de direcionar-se para o corpo objetificado da mulher. Um tema amplamente discutido pela psicanálise – objetos não servem para outra coisa, senão para responder a demandas. Neste caso, mulheres (na posição de objeto) respondendo a demandas dos homens.

Em nome de uma satisfação maior, o homem agride, assassina, comete barbáries, isso tudo porque sua constituição social o permite. Ou seja, cabe a cada sujeito *não depositar no outro aquilo que é de seu narcisismo.*

3.4 Dinamismo pulsional e o retorno ao objeto perdido do romance familiar

Antes de começarmos a descrever nossa hipótese, precisaremos fazer um breve comentário sobre o complexo de Édipo, descrito por Freud (1923/2007), em “Eu e o Supereu”.

Freud dá uma nova cara ao complexo de Édipo ao propor um fator interessante sobre a constituição do sujeito

[69] Angústia tem como conceito central o investimento libidinal direcionado a um objeto, porém, não há mais a existência daquele objeto na realidade como tem no psiquismo daquele que investe.

e sua identificação com o romance familiar. Essa proposição vai além da estrutura amorosa triangular quando nos é apresentada, por exemplo, a bissexualidade constitucional do sujeito.

Como é conhecido, durante o processo edípico de um menino, o desenvolvimento perante sua mãe se constitui numa relação baseada no investimento direcionado ao objeto, do qual a marca desse início de investimento é o seio materno. Já diante do pai, o menino tenta se beneficiar a partir da identificação. Ambos os tipos de relação existem e permanecem por algum tempo. O complexo de Édipo, porém, constitui-se apoiado na estimulação crescente do desejo direcionado à mãe e com base no entendimento de que o pai é um impedimento para a satisfação desse desejo.

No momento em que o complexo de Édipo começar a naufragar, o menino terá de abrir mão de seu investimento objetal, dando espaço à identificação, seja pela mãe, seja pela acentuação de sua identificação com o pai. Esse momento é definido como uma inserção do objeto na instância do Eu, "embora essas identificações anteriores não correspondam às nossas expectativas, já que não introduziram o objeto abandonado no Eu, veremos que também existe um desfecho da trama edípica que resulta na introdução do objeto no Eu" (p. 43).

Percorrendo o texto "Algumas consequências da diferença anatômica entre os sexos" (1925) e levando em conta que, em 1923, Freud ainda equiparava a introdução do objeto no Eu do menino e da menina como um mesmo caminho — algo que o autor vai retificar dois anos depois, em 1925, demonstrando as diferenças entre gêneros – é que gostaria de atentar para o fato de que a introdução do objeto no Eu da menina não será elaborada.

A introdução do objeto no Eu se valida a começar pelo recalcamento do romance edípico. Esse recalcamento se dá pela angústia da castração, pela escolha narcísica em permanecer fálico, logo, "seus investimentos libidinais são abandonados, dessexualizados e, em parte, sublimados; *seus objetos são incorporados ao Eu, onde formam o núcleo do Supereu e fornecem a essa nova estrutura suas qualidades características*" (Freud, 1925/2006, p. 285. *Grifo nosso*).

Diante dessa elaboração do objeto inserido no Eu, entendemos que, para que isso suceda, é necessário que uma escolha narcísica seja feita, optando por permanecer com o falo e abrindo mão do desejo incestuoso. Freud define que em toda criança há uma disposição bissexual, isto é, diante das heranças cruzadas, são combinadas características masculinas e femininas. Tal afirmação freudiana nos direciona a dizer que a escolha fálica não é apenas uma escolha narcísica, mas também uma forma de dissolver a feminilidade marcada na constituição do sujeito, como ele nos orienta.

> Demonstrarei alhures como a atitude edipiana nos meninos pertence à fase fálica e como sua destruição é ocasionada pelo temor da castração – isto é, pelo interesse narcísico nos órgãos genitais. O assunto fica mais difícil de apreender pela circunstância complicante de que mesmo em meninos o complexo de Édipo possui uma orientação dupla, ativa e passiva, de acordo com sua constituição bissexual; o menino também deseja tomar o lugar de sua *mãe* e como objeto de amor de seu *pai* – fato que descrevemos como sendo atitude feminina (Freud, 1925/2006, p. 279).

Entendemos que a tentativa da exclusão do feminino na constituição psíquica de um homem se dá por meio do falo, não suportando o signo da castração em seu consciente. Sabendo que o feminino é apresentado ao outro como a castração, temos então algo que um sujeito fálico não sustenta.

Como vimos no capítulo anterior, de a mulher na cultura ocupar uma posição de objeto para atender à demanda do homem, é possível dizer que o homem cometa o assassinato exatamente no momento em que a mulher apresenta a ele a castração. Um homem que já nasce numa sociedade fálica producente da constituição de seus desejos, amores, vontades, excessos, não consegue examinar a própria castração – uma vez que ele já fora impedido de satisfazer seu desejo mais absoluto; o incesto – e quando outro, que é tomado como objeto, coloca-o contra a parede, ele tem duas saídas – a aceitação de sua impotência ou o pior.

Por não conseguir suportar que seu desejo nunca será o mesmo desejo do outro, o homem neurótico tenta encobrir sua falta. E, enquanto sujeito, envolto no campo narcísico, ao investir no objeto, deixa encoberta a própria condição de objeto nessa equação, visto que o Eu incorpora traços do objeto investido. Como consequência, o abandono do outro rememora no sujeito a fase de ameaça e a perda de seu lugar no romance familiar.

A partir disso, quando o homem em relação com a parceira vive um momento de ruptura amorosa e se sente abandonado e desamparado do seu lugar, ele tem como consequência a atualização da sua primeira ferida narcísica no romance familiar. Logo, o ato de feminicídio se equipara a um assassinato de quem fez a função de cuidar e nutrir esse sujeito. Ou seja, o homicídio refere-se ao primeiro momento de paixão, atualizado na relação amorosa vigente. Nesse sentido, o crime equivale não a matar a mulher por si só, mas sim rememorar seu desamparo e com isso matar o primeiro objeto que o sujeito investe a sua paixão, ou seja, sua mãe.

Como sabemos, Freud (1914/2004, p. 118) nos diz: "Onde houver obstáculos reais à satisfação narcísica, o ideal sexual poderá ser utilizado como satisfação substitutiva".

Tal citação tem grande relevância em razão de o homem depositar em sua parceira um lugar de ideal sexual. Quando essa mulher se torna um obstáculo para a satisfação narcísica desse homem, ele encontra no feminicídio uma satisfação substitutiva.

Freud nos mostra que existem sujeitos que não conseguem de forma alguma, por meio do recalque, refrear o pulsional, sendo capazes de cometer os mais absurdos crimes. Em 1908, porém, Freud nos diz que os neuróticos também possuem uma pulsão excessiva e que, em determinados momentos, a defesa e o trabalho cultural não conseguem suspender tal pulsão. É o pulsional escapando das defesas. São esses os sujeitos que interessam a esta pesquisa.

Neste contexto, ao compreender o feminicídio conquanto satisfação substitutiva, é possível pensar que, em alguns homens, o dinamismo pulsional na busca pela satisfação os leva a recorrer ao crime como forma de dar vazão a essa força constante. Apesar do trabalho paradoxal da cultura, de apontar para o masculino seus desígnios de agressividade com demandas endereçadas ao feminino, essa também vai bordejando esse homem intempestivo, enunciando possibilidades para o deslocamento dessa satisfação em direção à vazão da força pulsional constante e irruptiva. No entanto, para esses homens que passam ao ato, o processo civilizatório vem demonstrando ser insuficiente, visto que não consegue impedir que o sujeito deseje nem que ele cometa o ato criminoso.

Conclusão

Trabalhar com essa temática é colocar de alguma maneira o amor e o ódio em evidência. É tratar da diferença do Ideal do Eu e do Eu Ideal, sob o que é marcado no sujeito – determinando as suas escolhas objetais (no amor) e desfechos da separação e das perdas (no ódio). Sabemos que, no instante em que o sujeito é fisgado pelo amor, temos também um vazio que antecedia a sua chegada, uma falta necessária existia ali para que houvesse o investimento da libido nesse novo vigente.

Quando a relação de amor com algum objeto é interrompida, o ódio surge em seu lugar, ou seja, há uma transformação do amor em ódio. Freud chega à concepção de que o ódio, nessas circunstâncias, é fortalecido pelo regresso do amor para a fase sádica, na qual o ódio se veste de erótico, o que permite uma continuidade da relação amorosa. Lembro-me de estar numa roda de conversa em que haviam mulheres falando do amor e notei que o tema lhes convocava ao sorriso espontâneo. E o ódio? Uma delas trouxe-me um comentário pontual acompanhado de um semblante sóbrio: "Roland Gori diz que o ódio é surdo e obscuro".

No feminicídio, o ódio é a paixão ignorada, colocando o sujeito para ignorar o que vai além de seu princípio de prazer. Há um saber que não se sabe e que será ignorado – a possibilidade de saber por excelência, em favor de manter obscuro, no inconsciente, não permitindo ao aparelho psíquico simbolizações que cumpririam a função de inibir a passagem ao ato. "Esse ódio pode, depois, se intensificar a ponto de tornar-se uma propensão à agressão contra o objeto, uma intenção de aniquilá-lo" (FREUD, 1915/2013, p. 57). O ódio é da ordem da subtração. Não nomeia, não dá espaço para linguagem.

Provocado pelo que fui desenvolvendo até aqui proponho ao leitor que me acompanha nesta labuta, vislumbrar comigo a hipótese de que o *homem que comete feminicídio contra sua parceira não está tendo uma relação amorosa sem ter seu narcisismo colocado à prova*. A moralidade civilizatória nos impede de ir ao encontro de nossos desejos; porém, esse modelo tem custos. Uma vez que o sujeito não elabora sua libido, esta passa a ser direcionada ao ponto mais primitivo, permitindo que o excesso de repressão retorne em forma de violência.

Com o objetivo de responder à pergunta que tanto nos impacta, *por que matar? é que propus convocar* a psicanálise para esta cena tão difícil e peculiar de: dar escuta ao feminino e ao masculino, ao homem e à mulher, o agressor e a vítima, articulando com esse fazer do analista uma base teórica para a questão. Na qualidade de psicanalista, dirijo-me aos que se propuseram difundir um olhar para o amor como saída (a palavra, a linguagem) de que é importante não nos deixarmos ser enganados por nosso narcisismo – tema tão discutido neste livro – a ponto de dizer que esse campo teórico, o da psicanálise, é o campo da verdade.

O que tais episódios de violência contra a mulher nos permite é debruçar sobre algumas hipóteses para o aumento desse ocorrido e o que pode a psicanálise, uma vez que essa se coloca no lugar de operar pela via da escuta cuidadosa, intimando o sujeito a confrontar-se com suas fragilidades, medos, fraquezas, inseguranças e angústias, quando o analista está pautado, claro, no rigor e na ética da direção do tratamento. Escolher a psicanálise como base teórica para dialogar com o feminicídio se dá pela minha prática pessoal clínica e pela transferência – conceito usado para dizer do amor.

Diante da psicanálise, encontrei inúmeros autores de renome, mas optei pelo seu criador. Estudar Freud, para escritor e leitores, é permitir uma aproximação ao mais puro do sujeito, ao inconsciente e aos desejos que lá habitam. Foram esses desejos do inconsciente que me atentaram em querer saber: *o que pode estar por trás da história e da constituição desses homens que matam suas parceiras*?

Dei início aos textos que diziam sobre uma construção civilizatória, de um trabalho cultural psíquico, mas confesso que, não ao acaso, acabei me enveredando com mais substância por textos metapsicológicos. A partir daí, consegui aproximar-me do psiquismo humano e suas complexidades, permitindo-me concluir o ponto nevrálgico de uma hipótese inicial, de que no feminicídio o homem dá de cara com a ferida narcísica de sua constituição infantil sendo atualizada no adulto. É importante lembrar que nossa constituição no romance familiar é algo traumático, uma vez que o desejo incestuoso é barrado em forma de ameaça, dando espaço à escolha. A escolha do neurótico é uma opção narcísica, seguindo com seu desejo não satisfeito, mas com seu representante fálico intacto. Entretanto, seríamos tolos em acreditar que tudo se resolve por aí. A dor do sujeito em ter seu desejo barrado é, de fato, uma dor narcísica, uma ferida que não se fecha. Narcisismo é uma condição universal, e sua relação com a agressão pode levar o sujeito a cometer várias barbaridades.

Enfim, neste processo de escrever sobre a psicanálise e o feminicídio, chego aqui tendo mais perguntas do que respostas. Entretanto, tais perguntas são valiosas para sustentar nossa curiosidade e desejo nesse fazer tão rico que é o de lidar com o sujeito (feminino ou masculino) e suas ambivalências. O tema do homicídio, somado à psicanálise, está longe de encontrar uma solução sólida, completa. Porque eu posso dizer que finalizei o trabalho, e você, leitor, pode dizer que finalizou a leitura, mas não os questionamentos.

Ninguém está imune ao ódio. Esse sentimento, de ferida narcísica aberta, leva-nos a crer que somos capazes de cometer barbaridades. No entanto, alguns sujeitos conseguem refrear sua energia pulsional, enquanto outros têm maiores dificuldades. Para estes, a psicanálise pode dar sinais de maleabilidade, fluidez. Pois estes sujeitos, desprovidos do amor, da palavra, incapazes de fazer uma representação de tamanha dor, vão responder a isso que os toma sob o efeito do ódio – algo pungente. Com a ferida narcísica exposta, ao mesmo tempo ignorada pelo desejo, dá as mãos com o próprio excesso acéfalo, rompendo com a negação da possibilidade, da permissão do incesto, e colocando sua fantasia de potência em cena – o homem adulto, está de frente para o que é árduo e invisível, que é doloroso sem deixar vestígios expostos.

Uma ferida narcísica é silenciosa no universo masculino. Homens não falam sobre "inimigos" que não podem ver, visto que foram ensinados a guerrear desde cedo com figuras concretas, nunca abstratas ou de linguagem. O ódio para o homem é uma condição da sua coexistência. Já o amor, é uma invenção do feminino para suportar a perversidade do masculino.

Referências

ASSOUN, Paul-Laurente. Os fundamentos epistemológicos do freudismo. In: ________. *Introdução à epistemologia freudiana*. Tradução: Hilton Japiassu. Rio de Janeiro: Imago, 1983.

CECCARELLI, Paulo Roberto; SANTOS, Adelson Bruno dos Reis. Psicanálise e moral sexual. *Reverso,* Belo Horizonte, v. 32, n. 59, p. 23-30, jun. 2010.

CECCARELLI, Paulo Roberto. Mitos, sexualidade e repressão. In: *Ciência e Cultura, Revista da Sociedade Brasileira para o Progresso da Ciência, v.* 64, n. 1, p. 31-35, 2012.

CECCARELLI, Paulo Roberto; SALLES, Ana Cristina. A invenção da sexualidade. In: *Reverso,* Belo Horizonte, v. 60, p. 15-24, set. 2010.

CECCARELLI, Paulo Roberto; SALLES, Ana Cristina. A quantas andam o sexual e a sexualidade nos dias atuais?. In: *Estudos de Psicanálise,* Belo Horizonte, v. 41, p. 23-30, jul. 2014.

CECCARELLI, Paulo Roberto. Da perversão nossa de cada dia às grandes perversões do sexual. *Polêmica,* [S.l.], v. 15, n. 2, p. 29-40, jul. 2015.

CECCARELLI, Paulo Roberto; SANTOS, Marcell Felipe Alves. Nem o 'Espírito Santo' se livra do caos. In: *Reverso*, Belo Horizonte, v. 73, p. 91-98, 2017.

FREUD, S. (1950[1892-1899]). Extratos dos documentos dirigidos a Fliess. In: ________. *Publicações pré-psicanalíticas e esboços inéditos*. Rio de Janeiro: Imago, 2006, v. I, p. 287-293. (Edição standard brasileira das obras psicológicas completas de Sigmund Freud).

_________. (1894). As neuropsicoses de defesa. In: _________. *Primeiras publicações psicanalíticas*. Rio de Janeiro: Imago, 2006, v. III, p. 51-72. (Edição standard brasileira das obras psicológicas completas de Sigmund Freud).

_________. (1900). A interpretação dos sonhos. In: _________. *A interpretação dos sonhos (I)*. Rio de Janeiro: Imago, 2006, v. VI, 363 p. (Edição standard brasileira das obras psicológicas completas de Sigmund Freud).

_________. (1905). Três ensaios sobre a teoria da sexualidade. In: _________. *Um caso de histeria*. Três ensaios sobre a teoria da sexualidade e outros trabalhos. Rio de Janeiro: Imago, 2006, v. VII, p. 119-231. (Edição standard brasileira das obras psicológicas completas de Sigmund Freud).

_________. (1906). A psicanálise e a determinação dos fatos nos processos jurídicos. In: _________. *"Gradiva" de Jesen e outros trabalhos*. Rio de Janeiro: Imago, 2006, v. IX, p. 89-104. (Edição standard brasileira das obras psicológicas completas de Sigmund Freud).

_________. (1908). Moral sexual 'civilizada' e doença nervosa moderna. In: _________. *"Gradiva" de Jesen e outros trabalhos*. Rio de Janeiro: Imago, 2006, v. IX, p. 167-186. (Edição standard brasileira das obras psicológicas completas de Sigmund Freud).

_________. (1909). Análise de uma fobia em um menino de cinco anos. In: _________. *Duas histórias clínicas* (o "Pequeno Hans" e o "Homem dos Ratos"). Rio de Janeiro: Imago, 2006, v. X, p. 13-133. (Edição standard brasileira das obras psicológicas completas de Sigmund Freud).

_________. (1910). A concepção psicanalítica da perturbação psicogênica da visão. In: _________. *Cinco lições de psicanálise, Leonardo da Vinci e outros trabalhos*. Rio de Janeiros: Imago, 2006, v. XI, p. 217-228. (Edição standard brasileira das obras psicológicas completas de Sigmund Freud).

_________. (1911). Notas psicanalíticas sobre um relato autobiográfico de um caso de paranoia (dementia paranoides). In:

_________. *O caso Schreber, artigos sobre a técnica e outros trabalhos*. Rio de Janeiro: Imago, 2006, v. XII, p. 15-89. (Edição standard brasileira das obras psicológicas completas de Sigmund Freud).

_________. (1913[1912-1913]). Totem e Tabu. In: _________. *Totem e Tabu e outros trabalhos*. Rio de Janeiro: Imago, 2006, v. XIII, p. 13-163. (Edição standard brasileira das obras psicológicas completas de Sigmund Freud).

_________. (1914). À guisa de introdução ao narcisismo. In: Escritos sobre a psicologia do inconsciente. *Obras Psicológicas de Sigmund Freud*, v. 1. Tradução: Luiz Alberto Hans [et. al]. Rio de Janeiro: Imago, 2004. p. 95-131.

_________. (1915). Pulsões e seus destinos. *Obras Incompletas de Sigmund Freud*. Tradução: Pedro Heliodoro Tavares. Belo Horizonte: Autêntica, 2013. p. 13-69.

_________. (1915) Neuroses de transferência: uma síntese. In: FREUD, Sigmund; GRUBRICH-SIMITIS, Ilse. *Neuroses de transferência*: uma síntese (manuscrito recém-descoberto). Rio de Janeiro: Imago, 1987, p. 65-82.

_________. (1915). O inconsciente. In: Escritos sobre a psicologia do inconsciente. *Obras Psicológicas de Sigmund Freud*. v. 2. Tradução: Luiz Alberto Hans [et. al]. Rio de Janeiro: Imago, 2006. p. 13-74.

_________. (1915). O recalque. In: Escritos sobre a psicologia do inconsciente. *Obras Psicológicas de Sigmund Freud*. v. 1. Tradução: Luiz Alberto Hans [et. al]. Rio de Janeiro: Imago, 2004. p. 175-193.

_________. (1915a). Reflexões para os tempos de guerra e morte. In: _________. *A história do movimento psicanalítico, artigos sobre a metapsicologia e outros trabalhos*. Rio de Janeiro: Imago, 2006, v. XIV, p. 285-309. (Edição standard brasileira das obras psicológicas completas de Sigmund Freud).

_________. (1917[1916-1917]). Conferência XIX: resistência e repressão. In: _________. *Conferências introdutórias de psicanálise (parte III)*. Rio de Janeiro: Imago, 2006, v. XVI, p. 293-308. (Edição standard brasileira das obras psicológicas completas de Sigmund Freud).

_________. (1917[1915]). Luto e melancolia. In: Escritos sobre a psicologia do inconsciente. *Obras Psicológicas de Sigmund Freud*. v. 2. Tradução: Luiz Alberto Hans [et. al]. Rio de Janeiro: Imago, 2006. p. 99-122.

_________. (1917a). Uma dificuldade no caminho da psicanálise. In: _________. *Uma neurose infantil e outros trabalhos*. Rio de Janeiro: Imago, 2006, v. XVII, p. 145-155. (Edição standard brasileira das obras psicológicas completas de Sigmund Freud).

_________. (1919). O estranho. In: _________. *Uma neurose infantil e outros trabalhos*. Rio de Janeiro: Imago, 2006, v. XVII, p. 235-275. (Edição standard brasileira das obras psicológicas completas de Sigmund Freud).

_________. (1920). Além do princípio do prazer. In: Escritos sobre a psicologia do inconsciente. *Obras Psicológicas de Sigmund Freud*. v. 2. Tradução: Luiz Alberto Hans [et. al]. Rio de Janeiro: Imago, 2006. p. 123-125.

_________. (1921]) Psicologia de grupo e análise do ego. In: _________. *Além do princípio do prazer, psicologia de grupo e outros trabalhos*. Rio de Janeiro: Imago, 2006, v. XVIII, p. 79-154. (Edição standard brasileira das obras psicológicas completas de Sigmund Freud).

_________. (1923[1922]) Dois verbetes de enciclopédia. In: _________. *Além do princípio do prazer, psicologia de grupo e outros trabalhos*. Rio de Janeiro: Imago, 2006, v. XVIII, p. 251-274. (Edição standard brasileira das obras psicológicas completas de Sigmund Freud).

_________. (1923) A organização genital infantil (uma interpolação na teoria da sexualidade). In: _________. *O ego e o id e outros trabalhos*. Rio de Janeiro: Imago, 2006, v. XIX, p. 155-163. (Edição standard brasileira das obras psicológicas completas de Sigmund Freud).

_________. (1923). O eu e o id. In: Escritos sobre a psicologia do inconsciente. *Obras Psicológicas de Sigmund Freud*. v. 3. Tradução: Luiz Alberto Hans [et. al]. Rio de Janeiro: Imago, 2007. p. 13-92.

_________. (1924) A dissolução do complexo de Édipo. In: _________. *O ego e o id e outros trabalhos*. Rio de Janeiro: Imago,

2006, v. XIX, p. 191-199. (Edição standard brasileira das obras psicológicas completas de Sigmund Freud).

_________. (1925) Algumas consequências psíquicas da distinção anatômica entre os sexos. In: _________. *O ego e o id e outros trabalhos*. Rio de Janeiro: Imago, 2006, v. XIX, p. 273-286. (Edição standard brasileira das obras psicológicas completas de Sigmund Freud).

_________. (1926) Inibição, sintoma e angústia. In: _________. *Um estudo autobiográfico, inibições, sintomas e ansiedade, análise leiga e outros traba*lhos. Rio de Janeiro: Imago, 2006, v. XX, p. 81-171. (Edição standard brasileira das obras psicológicas completas de Sigmund Freud).

_________. (1927). O fetichismo. In: _________. *O futuro de uma Ilusão e o mal-estar na civilização e outros trabalhos*. Rio de Janeiro: Imago, 2006, v. XXI, p. 151-161. (Edição standard brasileira das obras psicológicas completas de Sigmund Freud).

_________. (1930[1929]). O mal-estar na civilização. In: _________. *O futuro de uma Ilusão e o mal-estar na civilização e outros trabalhos*. Rio de Janeiro: Imago, 2006, v. XXI, p. 67-149. (Edição standard brasileira das obras psicológicas completas de Sigmund Freud).

_________. (1933[1932]). Novas conferências introdutórias sobre psicanálise. In: _________. *Novas conferências introdutórias sobre psicanálise e outros trabalhos*. Rio de Janeiro: Imago, 2006, v. XXII, p. 13-154. (Edição standard brasileira das obras psicológicas completas de Sigmund Freud).

_________. (1933[1932]a). Por que a guerra?. In: _________. *Novas conferências introdutórias sobre psicanálise e outros trabalhos*. Rio de Janeiro: Imago, 2006, v. XXII, p. 191-208. (Edição standard brasileira das obras psicológicas completas de Sigmund Freud).

_________. (1937). Análise terminável e interminável. In: _________. *Moisés e o monoteísmo, esboço de psicanálise e outros trabalhos*. Rio de Janeiro: Imago, 2006, v. XXIII, p. 225-270. (Edição standard brasileira das obras psicológicas completas de Sigmund Freud).

_________. (1939[1934-1938]). Moisés e o monoteísmo: três ensaios. In: _________. *Moisés e o monoteísmo, esboço de psicanálise e outros trabalhos*. Rio de Janeiro: Imago, 2006, v. XXIII, p. 15-150. (Edição standard brasileira das obras psicológicas completas de Sigmund Freud).

_________. (1940[1938-1939]). A natureza do psíquico. In: _________. *Compêndio de Psicanálise*. Tradução: Renato Zuwick. Porto Alegre: L&PM, 2015, p. 47-86.

GARCIA-ROZA, Luiz Alfredo. *Introdução à metapsicologia freudiana*: artigos de metapsicologia. 2. ed. Rio de Janeiro: Jorge Zahar Ed., 1995, 295 p.

HANNS, Luiz Alberto. *Dicionário comentado do alemão de Freud*. Rio de janeiro, Imago, 1996. 505 p.

JONES, Ernest. *Vida e obra de Sigmund Freud*. Jorge Zahar Ed., 1955, 779 p.

JORGE, Marco Antonio Coutinho. *Fundamentos da psicanálise de Freud à Lacan*, v.1 as bases conceituais. Rio de Janeiro: Jorge Zahar Ed., 2005.

KEHL, Maria Rita. A psicanálise e o domínio das paixões (1987). In: CARDOSO, Sérgio; NOVAES, Adauto (Coord.). *Os sentidos da paixão*. São Paulo: Companhia das Letras, 2009, 589 p.

KELLER, Alfred J. *Michaelis*: dicionário escolar alemão. São Paulo: Melhoramentos, 2009, 631 p.

LACAN, Jacques. Sobre o narcisismo. In: _________. *O seminário: livro 1*: os escritos técnicos de Freud 1953-1954. Rio de Janeiro: Jorge Zahar, 336 p.

_________. Das Ding. In: _________. *O seminário: livro 7: a ética da psicanálise* 1959-1960. Rio de Janeiro: Jorge Zahar, 385 p.

LAPLANCHE, Jean. *Problemáticas IV*: O inconsciente e o Id. São Paulo: Martins Fontes, 1992.

LAPLANCHE, Jean; PONTALIS, Jean-Baptiste. *Vocabulário da psicanálise*. 4. ed. São Paulo. Martins Fontes, 2001.

NASIO, J-D. *Cinco lições sobre a teoria de Lacan*. Rio de Janeiro: Jorge Zahar Ed.,1993.

PONCE, Maria Guadalupe Ramos. Mesa de trabalhos sobre feminicídio/feminicídio. In: CHIAROTTI, S. *Contribuições ao debate sobre a tipificação penal do femicídio/feminicídio*. Lima: Ed. Cladem, 2011.

ROUDINESCO, Elisabeth. *Dicionário de psicanálise*. Rio de Janeiro: Jorge Zahar Ed., 1998.

Posfácio

Eduardo Lucas Andrade

Li o livro de Marcell em vários fôlegos e em distintos momentos. Eu lia e relia atenciosamente cada palavra. Palavras essas milimetricamente colocadas no belo texto de lastimável contexto que compõe esta magnífica obra. Após a leitura, em vários momentos ociosos em meus dias, advieram-me inúmeras passagens que desde então têm emergido em inquietantes pensamentos: eis aqui um conteúdo vivo que causa ondas. Não se assuste se essas ondas também marulharem em você, pois nesta vida de fetichistas certezas, é preciso se molhar de questões!

Longe de ter efêmero destino, em mim, o livro de Marcell se fez atemporal, acompanhando-me agora, como imprescindível ferramenta de escuta nova. Tomei-o como um convite à coragem de ouvir. Sim, ouvir é uma coragem! Tanto é que a palavra "absurdo" em sua origem significa tudo aquilo que não se suporta ouvir. O feminicídio, que tanto grita, é tido assim, como um tema de ab-surdez cotidiana. O autor, balizado por seu estilo, não recua, coloca algo de si na psicanálise e aponta que é preciso avançar, fazer falar e escutar.

Penso que este se trata de um livro a ser estudado e não apenas lido, talvez eu tenha lhe avisado tarde de mais, né. Talvez não, talvez este seja o momento de relê-lo, já que a obra de Marcell é daquelas que a cada leitura nos surpreende com novidades que ali já estavam. Curiosamente este posfácio tem, por saber que aqui não é o fim, o intuito de convidar o leitor a relê-la, seja agora, seja posteriormente, mas certamente esta deve ser relida a qualquer momento. Pois bem, o livro de Marcell não é aquele que se leia de uma só vez, de um só fôlego. É o que permeia, esperneia, grita, denuncia e aguça. Faz pensar, reflete plurais questões e no leva a refletir outras mais. Atento ao horizonte de sua época e munido de cirúrgica escuta, prática e teoria, o autor se veste de coragem ao adentrar-se na selva pulsional da agressividade humana.

Encontrei aqui uma obra que lê, pela afiada escuta do autor, o humano no feminicídio. Na contramão daqueles que veem tais atos como de monstros e animalescos, terceirizando assim o que é nosso, ele sustenta a coragem de escancarar o que nessa questão há de mais real. Ainda que conscientemente não queiramos aceitar, é do humano, o que não significa que tenha de ser assim, que se trata! E mais ainda, nos habita. Ouso dizer que o livro de Marcell intervém também no feminicídio silenciado em cada leitor e nos faz, nas entrelinhas, o convite a se haver com a própria agressividade. Algo do tipo: diga-me o que no outro agrides que escutarei quem tu és!

Marcell demonstra que acolher o agressor é importante para que esse se dê conta de sua responsabilidade diante do ato que o interpele por mundanas questões internas. Acolher não significa concordar, mas sim possibilitar que, pela palavra, o ato se refaça como novo porvir perante a descompassada sociedade e singularidades que temos construídos. Se antes o livro era uma questão para a psicanálise, agora este se faz várias.

Construindo ideias
e conectando mentes

Este livro foi composto com tipografia Bembo
e impresso em papel Pólen Soft 80g. na Gráfica Formato em fevereiro 2022.